LIDERAZGO

101

LO QUE TODO LÍDER NECESITA SABER

Verónica

23 - Julio - 2016

JOHN C. MAXWELL

LIDERAZGO

101

LO QUE TODO LÍDER NECESITA SABER

GRUPO NELSON
Una división de Thomas Nelson Publishers
Desde 1798

NASHVILLE   DALLAS   MÉXICO DF.   RÍO DE JANEIRO

© 2012 por Grupo Nelson®
© 2003 por Caribe-Betania Editores
Publicado en Nashville, Tennessee, Estados Unidos de América. Grupo
Nelson, Inc. es una subsidiaria que pertenece completamente a Thomas
Nelson, Inc. Grupo Nelson es una marca registrada de Thomas Nelson,
Inc. www.gruponelson.com

Título en inglés: *Leadership 101*
© 2002 por Maxwell Motivation, Inc., una corporación de Georgia
Publicado por Thomas Nelson, Inc.

A menos que se indique lo contrario, todos los textos bíblicos han sido
tomados de la Santa Biblia, Versión Reina-Valera 1960 © 1960 por
Sociedades Bíblicas en América Latina, © renovado 1988 por Sociedades
Bíblicas Unidas. Usados con permiso. Reina-Valera 1960® es una marca
registrada de la American Bible Society, y puede ser usada solamente bajo
licencia.

Traducción: *Guillermo Cabrera Leyva*
Adaptación del diseño al español: *Blomerus.org*

ISBN: 978-1-60255-843-4

Impreso en Estados Unidos de América

CONTENIDO

¿POR QUÉ LIDERAZGO 101?

Bienvenidos a Liderazgo 101. Usted se preguntará por qué escribo otro libro sobre liderazgo. Permítame hacerle una narración que les explicará cómo surgió *Liderazgo 101* y por qué estamos escribiéndolo.

Todos los años se me invita a hablar a los empleados de Thomas Nelson Publishers en Nashville, Tennessee y a mí me encanta hacerlo. Considero a mis editores como socios, y por un decenio Thomas Nelson ha sido un buen socio.

Durante mi más reciente visita me tocó hablarles a todos los empleados de la empresa, desde los presidentes hasta los trabajadores del almacén y les expliqué por qué escribo libros. Lo hago porque deseo ayudar a las personas a que tengan éxito. Y creo que para tener éxito en la vida, una persona necesita tener destreza en cuatro áreas: Relaciones, Capacitación, Actitud y Liderazgo. Estos son los cuatro temas sobre los que escribo libros y por eso digo que toda persona puede llegar a tener un éxito VERDADERO.

Una vez terminada mi charla, Mike Hyatt, el editor de Thomas Nelson, y Pete Nikolai, vicepresidente del programa sobre proyectos de desarrollo del fondo editorial, se me acercaron y me dijeron: «John, la gente siempre pide libros pequeños que puedan leerse de una sentada. Debes hacer un libro corto de fácil lectura sobre cada uno de esos temas, y deberías comenzar con el tema que puso tus libros en las listas de los éxitos de librería de *The New York Times* y *Business Week*: el liderazgo».

Lo que me dijeron es cierto. Las personas andan siempre de prisa, su tiempo es valioso y a la vez están sobrecargados de información. ¿Sabía usted que en los últimos treinta años se ha producido mayor cantidad de información nueva que en los 5.000 años anteriores? Una edición diaria de *The New York Times* contiene más información que la que una persona promedio de la Inglaterra del siglo XVII podía obtener en toda su vida. La suma de información disponible en el mundo se ha duplicado en los últimos cinco años y sigue duplicándose.

Es por eso que hemos presentado *Liderazgo 101*. Es el primero de una serie de cuatro libros que ofrecen al lector un cursillo sobre lo que necesita para llegar a convertirse en un VERDADERO éxito. En *Liderazgo 101* he compilado lo que se necesita saber a partir de los conceptos básicos sobre el liderazgo. Este libro contiene las ideas esenciales adquiridas en más de treinta años de experiencia como líder: se define el liderazgo, se identifican unos cuantos rasgos que todo líder debe desarrollar y se muestra el impacto que el liderazgo puede tener en su vida y en la de los que están bajo su dirección.

¿Sabía usted que cada uno de nosotros influye por lo menos en diez mil personas durante el transcurso de nuestra vida? De ahí que el problema no es _si_ uno influirá en alguien, sino _cómo_ usará su influencia. Este libro está concebido para ayudarle a desarrollar su capacidad de liderazgo y aumentar su éxito personal y administrativo. Ya sea que su aspiración consista en formar un negocio, fortalecer a sus hijos o conquistar el mundo, el primer paso para lograrlo es elevar su nivel de liderazgo.

Sir Francis Bacon señaló que el conocimiento es poder. Cuando él vivía y la información era escasa, puede que fuera cierto. Pero hoy sería mejor decir que el conocimiento faculta, siempre que esto sea lo que usted necesita. Mi deseo es facultarlo y verlo ascender a un nivel superior.

Parte I

El desarrollo de un líder

I

¿POR QUÉ DEBO
CRECER COMO LÍDER?

Cuanto más alto el liderazgo, mayor la efectividad.

Suelo iniciar mis conferencias sobre liderazgo explicando lo que yo llamo la Ley del Tope porque esta ley ayuda a las personas a entender el valor del liderazgo. Si usted puede interpretar esta ley, verá el increíble impacto del liderazgo sobre todos los aspectos de la vida. La ley dice: la capacidad de liderazgo es el tope que determina el nivel de efectividad de una persona. Cuanto más baja sea la capacidad de una persona para dirigir, más bajo será el límite sobre su potencial. Cuanto más alto es el liderazgo, mayor es la efectividad. Para darles un ejemplo, si su liderazgo tiene una puntuación de 8, su efectividad no puede nunca ser mayor que 7. Si su liderazgo tiene solo un 4, su efectividad no será mayor que 3. Su capacidad de liderazgo —para bien o para mal— siempre determina su efectividad en la vida y el impacto potencial de su organización.

Permítame hacerle una narración que ilustra la Ley del Tope. En 1930 dos jóvenes hermanos llamados Dick y

Maurice se trasladaron de New Hampshire a California en busca del «sueño americano». Acababan de salir del bachillerato y veían pocas oportunidades en su medio. Así que marcharon directamente a Hollywood donde finalmente hallaron trabajo en un estudio cinematográfico.

Después de un tiempo, su espíritu empresarial y el interés en la industria del entretenimiento los impulsaron a abrir un teatro en Glendale, un pueblo unos ocho kilómetros al nordeste de Hollywood. Pero a pesar de sus esfuerzos, no pudieron hacer rentable el negocio y buscaron una mejor oportunidad.

UNA NUEVA OPORTUNIDAD

En 1937, los hermanos abrieron un pequeño restaurante en Pasadena, situado exactamente al este de Glendale donde se servía la comida en el propio automóvil. A medida que en los años treinta la gente en el sur de California dependía más del automóvil, los restaurantes de este tipo se expandieron por todas partes. Los clientes entraban con sus vehículos a un parque de estacionamiento que rodeaba un pequeño restaurante, pedían lo que deseaban a un camarero y recibían la comida en bandejas directamente en sus automóviles. La comida se servía en vajilla de loza con vasos de cristal y cubiertos de metal.

El pequeño restaurante de Dick y Maurice fue un gran éxito y en 1940 trasladaron su negocio a San Bernardino, una próspera ciudad de trabajadores ochenta kilómetros al este de Los Ángeles. Allí construyeron un local más amplio y expandieron su menú de perros calientes, papas fritas y batidos, hasta incluir carne de res y de puerco en barbacoa, hamburguesas y otros comestibles. Su negocio prosperó mucho. Las ventas anuales llegaron a $200.000 y los hermanos se vieron con $50.000 mil de ganancia cada año, suma que los colocó entre la élite financiera de la ciudad.

En 1948 su intuición les indicó que los tiempos estaban cambiando, de modo que modificaron su negocio de restaurante, eliminaron el servicio de comida a los autos y comenzaron a servir sólo a los clientes que entraban. Redujeron el menú y se concentraron en la venta de hamburguesas. Eliminaron los platos de loza, los vasos de cristal y los cubiertos de metal y utilizaron en su lugar productos de papel. Redujeron sus costos y bajaron los precios que cobraban a sus clientes. Crearon además, lo que llamaron Sistema de Servicio Rápido. Su cocina se convirtió en algo así como una línea de ensamblaje, donde cada persona se concentraba en el servicio con rapidez. Su objetivo era servir cada pedido en treinta segundos o menos. Y lo lograron. A mediados de la década de 1950 los ingresos anuales alcanzaron $350.000 y para ese entonces Dick y Maurice se repartían ya ganancias netas de cerca de $100.000 mil cada año.

¿Quiénes eran estos hermanos? Al frente de su pequeño restaurante colgaba un letrero en luz neón que decía simplemente McDonald's Hamburguers.

Dick y Maurice McDonald se habían ganado el premio

gordo americano. Y el resto, como se dice, es historia ¿verdad? Pues no es verdad. Los McDonald nunca pasaron de ahí porque su débil liderazgo colocó un tope sobre su capacidad para triunfar.

LA HISTORIA DETRÁS DE LA HISTORIA

Es cierto que los hermanos McDonald estaban bien financieramente. Su empresa de restaurante era una de las más rentables del país y su ingenio consistía en el servicio al cliente y en la organización de la cocina, que condujo a un nuevo sistema de servicio de comida y bebida. En efecto, su talento era tan bien conocido en los círculos de servicio de comida que muchas personas de todo el país deseaban aprender más sobre sus métodos. Llegó un momento en que recibían como trescientas llamadas y cartas todos los meses, lo que los llevó a la idea de comercializar el concepto McDonald.

La idea de conceder franquicias de restaurantes había venido dando vueltas por varias décadas. Para los hermanos McDonald, parecía un modo de hacer dinero sin tener que abrir otro restaurante. En 1952 trataron de hacerlo, pero su esfuerzo culminó en un fracaso. La razón era simple: carecían del liderazgo necesario para hacerlo realidad.

Dick y Maurice eran excelentes dueños de restaurantes. Sabían cómo manejar un negocio, hacer eficiente su sistema, reducir gastos y aumentar ganancias. Eran administradores eficientes. Pero no eran líderes. Su mentalidad puso freno a lo que podían hacer y llegar a ser. En la cúspide de su éxito, Dick y Maurice se hallaban frente a frente con la Ley del Tope.

LOS HERMANOS SE ASOCIAN CON UN LÍDER

En 1954 los hermanos dieron con un hombre llamado Ray Kroc, quien *era* un líder. Kroc había manejado una pequeña compañía fundada por él, que vendía máquinas de hacer batidos de leche. Los McDonald eran uno de sus mejores clientes y tan pronto como visitó el restaurante, tuvo una visión respecto a su potencial. En su mente pudo ver el restaurante proyectarse nacionalmente en cientos de mercados. Pronto logró un convenio con Dick y Maurice y en 1955 estableció el McDonald System, Inc. (más tarde llamado McDonald's Corporación).

Knoc inmediatamente compró los derechos de una franquicia de forma que pudiera utilizarla como modelo y prototipo para vender otras franquicias. Luego comenzó a organizar un equipo y creó una organización para hacer de McDonald's una entidad nacional.

En los primeros años, Kroc hizo grandes sacrificios. Aunque ya pasaba los cincuenta años, trabajaba largas horas exactamente igual que cuando comenzó a trabajar en los negocios treinta años atrás. Eliminó muchas cosas triviales, inclusive su membresía en el Country Club. Durante sus primeros ocho años con McDonald no cobró salario alguno. Pedía préstamos personales del banco y contra su seguro de vida para ayudar a cubrir los sueldos de unos cuantos líderes clave que deseaba tener en su equipo. Su sacrificio y su liderazgo dieron resultado. En 1961 compró de los hermanos, en $2.7 millones, los derechos exclusivos de McDonald's, y procedió a convertirlo en una institución americana y una entidad global. El «tope» en la vida y liderazgo de Ray Kroc estaba, obviamente, mucho más alto que la de sus predecesores.

Durante los años en que Dick y Maurice McDonald habían tratado de otorgar franquicias de su sistema de servicio de comidas, lograron vender la idea sólo a quince compradores, de los cuales apenas diez abrieron restaurantes. Pero el límite del liderazgo en la vida de Ray Kroc estaba por las nubes. Entre 1955 y 1959, Kroc logró abrir 100 restaurantes. Cuatro años más tarde ya existían 500 McDonald's. Hoy la compañía ha abierto más de 21.000 restaurantes en no menos de 100 países.[1] La capacidad de liderazgo —o más específicamente la falta de capacidad de liderazgo— era el límite de la efectividad de los hermanos McDonald.

ÉXITO SIN LIDERAZGO

Creo que el éxito está al alcance de casi todo. Pero creo también que el éxito personal sin capacidad de liderazgo logra sólo una efectividad limitada. El impacto de una persona es una fracción de lo que podría ser con un buen liderazgo. Cuanto más alto quiera usted llegar, tanto más necesita liderazgo. Cuanto mayor sea el impacto que quiera alcanzar, mayor debe ser su influencia. Todo lo que usted logre estará limitado por su capacidad de dirigir a otros.

Permítame ofrecerle un cuadro de lo que quiero decir. Digamos que cuando se trata de éxito, usted tiene un 8 (en una escala de 1 a 10). Eso es bastante bueno. Creo que se podría decir que los hermanos McDonald estaban en ese nivel. Pero déjeme decirle también que si la capacidad de liderazgo suya es sólo de 1, su nivel de efectividad luciría de esta forma:

ÉXITO SIN LIDERAZGO

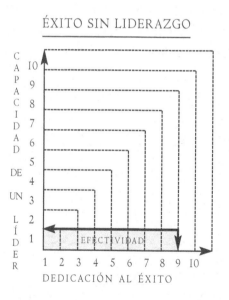

Para aumentar su nivel de efectividad, usted dispone de dos opciones. Podría trabajar muy duro para aumentar su dedicación al éxito y la excelencia, en un esfuerzo por llegar a

10. Es posible que usted pueda llegar a ese nivel, aunque la ley del rendimiento decreciente indica que su éxito aumentará sólo hasta cierto punto, después del cual deja de aumentar proporcionalmente a la cantidad de trabajo que usted le dedique. En otras palabras, el esfuerzo que se exigiría para aumentar esos dos últimos puntos podría consumir más energía que la que empleó para lograr los primeros ocho. Si usted realmente trabaja hasta el agotamiento, podría aumentar su éxito en ese 25 por ciento.

Pero usted tiene otra opción. Digamos que trabaja duro para aumentar su nivel de *liderazgo*. A través del tiempo, usted se desarrolla como líder y eventualmente su capacidad de liderazgo llega a alcanzar, digamos un 6. Visiblemente, los resultados se presentan del modo siguiente:

ÉXITO CON LIDERAZGO

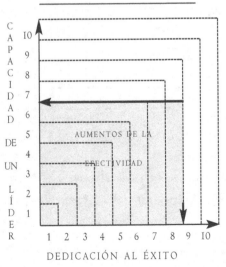

DEDICACIÓN AL ÉXITO

¡Al aumentar su capacidad de liderazgo —sin aumentar en nada su dedicación al éxito— usted puede incrementar su efectividad original en un 500 por ciento! ¡Si usted fuera a elevar su liderazgo a 8, con la misma dedicación al éxito, aumentaría su efectividad en un 700 por ciento! El liderazgo tiene un efecto multiplicador. Yo he visto su impacto repetidas veces en toda clase de negocios e instituciones no lucrativas. Y es por eso que he enseñado liderazgo por más de veinticinco años.

PARA CAMBIAR LA DIRECCIÓN DE LA ORGANIZACIÓN, CAMBIE DE LÍDER

La capacidad de liderazgo es siempre el tope de la efectividad de la persona y la organización. Si el liderazgo es fuerte, el tope es alto. Pero si no lo es, la organización está limitada. Es por eso que en tiempos de dificultades es natural que las organizaciones busquen un nuevo liderazgo. Cuando el país está experimentando tiempos difíciles, elige un nuevo presidente. Cuando una iglesia está decayendo, ésta busca un nuevo pastor. Cuando un equipo deportivo pierde continuamente, busca un nuevo entrenador. Cuando una compañía está perdiendo dinero, contrata un nuevo presidente.

PARA LOGRAR EL MÁS ALTO NIVEL DE EFECTIVIDAD, USTED TIENE QUE ELEVAR EL TOPE DE LA CAPACIDAD DE LIDERAZGO

Hace pocos años me reuní con Don Stephenson, presidente de Global Hospitality Resources, Inc., de San Diego, California, una firma internacional de asesoramiento y consulta hostelera. Después de un almuerzo le pregunté sobre su organización. En la actualidad, él hace primordialmente consultoría, pero anteriormente su compañía se ocupaba de la administración de hoteles y sitios de recreo que no andaban bien financieramente. Supervisaron muchas excelentes instalaciones como La Costa en el sur de California.

Don me expresó que siempre que se hacían cargo de una organización, comenzaban haciendo dos cosas: primero adiestraban a todo el personal para mejorar su nivel de servicio a los clientes y segundo, despedían al líder. Cuando me dijo eso, quedé sorprendido.

—¿*Siempre* lo echa? —le pregunté—. ¿En todos los casos?

—Así es. En todos los casos —me dijo.

—¿No hablan primero con la persona para indagar si es un buen líder? —le dije.

—No —me respondió.

—Si hubiera sido un buen líder, la organización no estaría en el estado deplorable en que está.

Y me dije: *Por supuesto. Esta es la Ley del Tope.* Para alcanzar el más alto nivel de efectividad se tiene que elevar el tope… de una manera u otra.

Lo bueno es que eliminar al líder no es la *única* manera. Tal como enseño en las conferencias que existe tope, también enseño que éste se puede elevar.

2

¿CÓMO PUEDO CRECER COMO LÍDER?

El liderazgo se desarrolla día por día,
no en un solo día.

Llegar a ser un líder es muy parecido a invertir exitosamente en el mercado de valores. Si uno espera hacer una fortuna en un día, no va a tener éxito. Lo que más importa es lo que uno hace día por día en su largo trayecto. Mi amigo Tag Short sostiene que «El secreto de nuestro éxito se halla en nuestra planificación del día». Si uno continuamente invierte en el desarrollo de su liderazgo y permite que sus «activos» se acumulen, el resultado inevitable es, a la larga, el crecimiento.

Cuando enseño liderazgo en las conferencias, la gente inevitablemente me pregunta si los líderes nacen. Y siempre respondo, «¡Sí, claro que nacen... No he hallado uno que haya venido al mundo de otra manera!». Todos nos reímos y entonces respondo la verdadera pregunta: si el liderazgo es algo que una persona posee o no posee.

Aunque es cierto que algunas personas nacen con más dotes naturales que otras, la capacidad de dirigir es realmente un conjunto de habilidades y casi todas pueden aprenderse y mejorarse. Pero el proceso no ocurre de un día para otro. El liderazgo es complicado. Tiene muchas facetas: respeto, experiencia, fuerza emocional, destreza, disciplina, visión, ímpetu, sentido de oportunidad, la lista continua. Como puede usted ver, muchos factores que entran en juego en el liderazgo son intangibles. Es por eso que los líderes necesitan mucha maduración para ser efectivos. Fue cuando me acercaba a los cincuenta que verdaderamente comencé a entender con claridad los muchos aspectos del liderazgo.

LAS CUATRO FASES DE CRECIMIENTO DEL LIDERAZGO

Ya sea que usted tenga o no, una gran habilidad natural para el liderazgo, su desarrollo y progreso probablemente ocurrirá de acuerdo con las siguientes cuatro fases:

FASE I. YO NO SÉ LO QUE NO SÉ

La mayoría de las personas dejan de reconocer el valor del liderazgo. Creen que el liderazgo es sólo para unos pocos: las personas al principio de la escalera corporativa. No tienen idea de las oportunidades que desaprovechan cuando no aprenden a dirigir. Este punto pude entenderlo cuando el presidente de una universidad me comentó que sólo unos pocos estudiantes se enlistaron para un curso sobre liderazgo ofrecido por la escuela. ¿Por qué? Porque sólo unos cuantos se consideraban a sí mismos como líderes. Si hubieran sabido que el liderazgo es influencia y que en el curso de cada día la mayoría de los individuos tratan usualmente de influir cuando menos sobre otras cuatro personas, quizá se les habría despertado el deseo de aprender más sobre el tema. Es una lástima, porque mientras una persona no sepa qué no sabe, no crece.

FASE 2 . YO SÉ QUÉ NO SÉ

Por lo general en algún momento de nuestra vida, estamos situados en una posición de liderazgo sólo para mirar a nuestro derredor y descubrir que nadie nos sigue. Es entonces que comprendemos que necesitamos *aprender* cómo dirigir. Y por supuesto, allí es cuando es posible que el proceso tenga su comienzo. El primer ministro inglés Benjamín Disraeli comentaba sabiamente: «Estar consciente de que se ignoran los datos es un gran paso hacia el conocimiento».

LOS LÍDERES EXITOSOS SIEMPRE ESTÁN APRENDIENDO.
EL PROCESO DE APRENDIZAJE ES PROGRESIVO,
RESULTADO DE LA AUTODISCIPLINA Y LA PERSEVERANCIA

Eso me sucedió a mí cuando ocupé mi primera posición de liderazgo en 1969. Yo había capitaneado equipos deportivos toda mi vida y había sido presidente de la organización estudiantil en la universidad, de modo que ya me creía un líder. Pero cuando traté de dirigir a las personas en el mundo real, me encontré con la amarga verdad. Ello me movió a comenzar a reunir información y a aprender de ella. También se me ocurrió otra idea: Escribí a los diez máximos líderes en mi campo y les ofrecí cien dólares por media hora de su tiempo, de modo que pudiera hacerles preguntas. (Eso era una gran cantidad de dinero para mí en 1969.) Durante los años que siguieron, mi esposa Margaret y yo, planeamos ir de vacaciones a los lugares cercanos a donde esas personas vivían. Si un gran líder en Cleveland decía sí a mi solicitud, aquel año nos íbamos de vacaciones a Cleveland, de forma que pudiera reunirme con él. Y mi idea realmente dio resultado. Aquellos hombres compartieron su sabiduría conmigo y aprendí como no pude haberlo hecho de otro modo.

Fase 3. Yo crezco y sé, y se sabe que sé

Cuando uno reconoce su falta de capacidad y comienza a practicar cada día la disciplina de crecimiento personal en el liderazgo, comienzan a suceder cosas emocionantes.

Tiempo atrás enseñaba a un grupo de personas en Denver y en el grupo noté la presencia de un perspicaz jovencito de diecinueve años llamado Brian. Por un par de días observé cómo tomaba notas ávidamente. Hablé con él varias veces durante los intermedios. Cuando pasé a la parte del seminario donde enseñaba la Ley del Proceso, le pedí a Brian que se pusiera de pie de modo que pudiera hablarle mientras todos escuchaban. Le dije: «Brian, te he observado y estoy muy impresionado por el intenso deseo que tienes de aprender, investigar y crecer. Quiero decirte un secreto que cambiará tu vida». Todos en el auditorio parecieron inclinarse hacia adelante. «Creo que dentro de unos veinte años, vas a ser un *gran* líder y deseo animarte a que hagas de ti mismo un estudiante de liderazgo de por vida. Lee libros, escucha grabaciones con regularidad y sigue asistiendo a seminarios. Y siempre que te encuentres una pepita de oro de una verdad o de una cita valiosa, guárdala en tu archivo para el futuro».

«No va a ser fácil» le dije, «pero en cinco años, verás el progreso a medida que tu influencia se hace mayor. En diez años vas a desarrollar una competencia que hará tu liderazgo altamente efectivo. Y en veinte años, cuando tengas sólo treinta y nueve años, si has continuado aprendiendo y creciendo, otros probablemente comenzarán a pedirte que les enseñes liderazgo. Y algunos se asombrarán. Se mirarán uno al otro y dirán «¿Cómo llegó a ser tan sabio de pronto?».

«Brian, puedes ser un gran líder, pero esto no ocurrirá en un día. Comienza a pagar el precio ahora».

Lo que es verdad respecto de Brian, es también verdad respecto a usted. Comience a desarrollar su liderazgo hoy y algún día experimentará los efectos de la Ley del Proceso.

FASE 4. SIGO ADELANTE SENCILLAMENTE POR LO QUE SÉ.

Uno puede ser bastante efectivo como líder cuando está en la fase 3, pero tiene que pensar cada paso que da.

Sin embargo, cuando llega a la fase 4, su capacidad para ser líder se vuelve casi automática. Y es entonces cuando la recompensa se vuelve inmensa. Sin embargo, la única manera de llegar allá es obedecer la Ley del Proceso y pagar el precio.

PARA LIDERAR MAÑANA, APRENDA HOY

El liderazgo se desarrolla día a día, no en un solo día. Esta es la realidad que dicta la Ley del Proceso. Lo bueno es que su capacidad de liderazgo no es estática. Independientemente de dónde ha comenzado, puede mejorar. Esto es cierto aún para las personas que se han destacado en el escenario mundial del liderazgo. Si bien la mayoría de los presidentes de Estados Unidos alcanzan la cúspide mientras están en el cargo, otros continúan creciendo y llegan a ser mejores líderes después, tal como el ex presidente Jimmy Carter. Algunas personas cuestionaron su capacidad para dirigir mientras estaba en la Casa Blanca. Pero en años recientes el nivel de influencia de Carter ha aumentado continuamente. Su alta integridad y su dedicación a servir al pueblo a través de Hábitat para la Humanidad y otras organizaciones han hecho crecer su influencia. La gente está ahora verdaderamente impresionada con su vida.

LA LUCHA POR ABRIRSE CAMINO

Hay un viejo adagio que dice: "Los campeones no se hacen campeones en el cuadrilátero; allí solo obtienen el reconocimiento." Es cierto. Si usted quiere ver dónde se desarrolla alguien como campeón, fíjese en su rutina diaria. El ex campeón de peso completo Joe Frazier expresó: «Se puede trazar un plan de pelea o un plan de vida. Pero cuando comienza la acción, uno depende de sus reflejos. Allí es donde se manifiesta lo que ha hecho. Si hace trampas cuando aún está oscura la mañana, se le descubrirá bajo el brillo de la luz.»[1] El boxeo es una buena analogía para el desarrollo del liderazgo, porque consiste en una preparación diaria. Aún si una persona tiene talento natural, tiene que prepararse y adiestrarse para llegar a tener éxito.

Uno de los mayores líderes de este país fue un fanático del boxeo: el presidente Teodoro Roosevelt. De hecho, una de sus más famosas citas utiliza una analogía del boxeo:

No es la crítica lo que cuenta, ni lo es quien señala cómo el fuerte se tambalea y dónde el que pega más duro pudo hacerlo mejor. El crédito corresponde al hombre que está en la arena, cuya cara está estropeada por el polvo, el sudor y la sangre; quien batalla valientemente; quien comete errores y fracasa muchas veces; quien conoce los grandes entusiasmos, las grandes devociones y se desgasta en una causa digna; quien, en el mejor de los casos conoce al final el triunfo de una gran conquista; y quien, en el peor de los casos, si fracasa, al menos fracasa habiendo hecho su mejor esfuerzo, de modo que su lugar nunca estará con las almas frías y tímidas que no saben de victorias ni de derrotas.

Roosevelt, quien era boxeador, no sólo fue un eficiente líder sino el más deslumbrante de todos los presidentes de Estados Unidos.

Un hombre de acción

TR (el apodo de Roosevelt) era conocido por su boxeo regular y sus sesiones de judo, sus atrevidos recorridos a caballo y sus largas y arduas caminatas. Un embajador de Francia que visitaba a Roosevelt solía contar acerca de la ocasión en que acompañó al Presidente en una caminata por los bosques. Cuando llegaron a la orilla de un riachuelo que era muy hondo para cruzarlo a pie, TR se despojó de sus ropas y esperaba que el dignatario hiciera lo mismo, de suerte que ambos pudieran nadar hasta la orilla del otro lado. Nada era obstáculo para Roosevelt.

Su entusiasmo y su vigor parecían no tener límites. Como candidato presidencial en 1900, pronunció 673 discursos y viajó 30.000 kilómetros haciendo campaña a favor del presidente McKinley. Y años después de su presidencia, mientras se preparaba para pronunciar un discurso en Milwaukee, Roosevelt recibió un disparo en el pecho de un presunto asesino. Con una costilla fracturada y una bala en el pecho, insistió en pronunciar su discurso de una hora antes de permitir que lo llevaran al hospital.

Roosevelt comenzó despacio

De todos los líderes que esta nación ha tenido, Roosevelt fue uno de los más fuertes, tanto física como mentalmente. Pero no fue así en sus comienzos. El presidente vaquero norteamericano nació en Manhattan en el seno de una prominente y rica familia. Cuando niño era débil y muy enfermizo. Padecía de un asma que lo debilitaba, era de muy poca vista y extremadamente delgado. Sus padres no estaban seguros de que podría sobrevivir.

A los doce años, el padre del joven Roosevelt le dijo: «Tú tienes la mente, pero no tienes el cuerpo y sin la ayuda del cuerpo la mente no puede ir tan lejos como debería. Tienes que *construir* el cuerpo». Y así lo hizo. TR comenzó a dedicar tiempo *cada día* a construir su cuerpo así como su mente y eso lo hizo por el resto de su vida. Levantaba pesas, daba caminatas, esquiaba, cazaba, remaba, montaba a caballo y boxeaba. Para la época en que TR se graduó en Harvard, ya se hallaba listo para abordar el mundo de la política.

No hubo éxito
de la noche a la mañana

Roosevelt no llegó tampoco a ser un gran líder de un día para otro. Su camino hacia la presidencia fue de un lento y continuo crecimiento. Mientras servía en varios puestos, desde comisionado de policía en la ciudad de Nueva York hasta presidente de los Estados Unidos, se mantuvo aprendiendo y creciendo. Se superó y con el tiempo llegó a ser un líder fuerte, lo cual es prueba adicional de que vivió de acuerdo con la Ley del Proceso.

La lista de los logros de Roosevelt es notable. Bajo su liderazgo, Estados Unidos surgió como potencia mundial. Ayudó a que el país desarrollara una marina de primera clase, logró que se construyera el Canal de Panamá, negoció la paz entre Rusia y Japón y ganó el Premio Nóbel de la Paz en el proceso. Y aunque la gente cuestionaba el liderazgo de TR —ya que había llegado a presidente cuando asesinaron a Mckinley— hizo campaña y fue reelegido por una mayoría que ningún presidente había obtenido hasta entonces.

Siempre fue el hombre de acción: cuando completó su término como presidente en 1909, inmediatamente viajó al África donde dirigió una expedición científica patrocinada por la Institución Smithsonian.

El 6 de enero de 1919, en su hogar de Nueva York, Teodoro Roosevelt murió mientras dormía. El entonces vicepresidente Marshall dijo: «La muerte tuvo que sorprenderlo durmiendo, porque si Roosevelt hubiera estado despierto, habría habido pelea». Cuando lo levantaron de la cama, hallaron un libro bajo su almohada. Hasta el último momento, TR trató de aprender y de superarse. Todavía practicaba la Ley del Proceso.

Si usted desea ser un líder, la buena noticia es que puede lograrlo. Todo el mundo tiene el potencial, pero este no se logra de un día para otro. Exige perseverancia. Y usted no puede ignorar absolutamente la Ley del Proceso. El liderazgo no se desarrolla en un día. Toma toda la vida.

PARTE II

LAS CARACTERÍSTICAS DE UN LÍDER

3

¿CÓMO PUEDO LLEGAR
A DISCIPLINARME?

*La primera persona a quien
uno dirige es a uno mismo.*

El camino hacia la cima es difícil. Pocas personas alcanzan la posición en la que son considerados de los mejores en su trabajo. Y aún a menos se les considera de los *mejores* que jamás han existido. Sin embargo, eso es lo que Jerry Rice ha logrado. Se le considera la mejor persona que ha jugado como receptor en fútbol. Y tiene pruebas para demostrarlo.

La gente que lo conoce bien dice que es la persona ideal para esa labor. Físicamente, los dones que Dios le ha dado son increíbles; sin embargo, estos por sí solos no lo han hecho grande. La verdadera clave de su éxito ha sido su autodisciplina. Trabaja y se prepara como nadie en el fútbol profesional… cada día.

Durante las prácticas en la escuela secundaria, el entrenador de Rice, Charles Davis, hacía a sus jugadores correr a toda velocidad, veinte veces, subiendo y bajando una lomita de cuarenta yardas. En un día particularmente cálido y húmedo de Mississippi, Rice estuvo a punto de parar después de once subidas y bajadas. Mientras se escabullía hacia los vestidores, comprendió lo que estaba haciendo. «No te des por vencido», se dijo. «Una vez que busques esa salida, te acostumbrarás a hacerlo y vas a pensar que está bien». Regresó, terminó su ejercicio y nunca más lo ha dejado.

Como jugador profesional, se ha hecho famoso por su habilidad para escalar a toda velocidad otra altura: una escarpada senda de cuatro kilómetros en un parque de San Carlos, California, que Rice tiene como parte regular de su programa de ejercicio. Otros jugadores notables tratan de hacer lo mismo en esta práctica, pero se quedan atrás, asombrados de su resistencia. Esto es sólo una parte de la rutina regular de Rice. Aún fuera de la temporada, mientras otros jugadores están de pesca o descansando, Rice realiza su ejercicio normal de rutina, que dura desde las 7:00 a.m. hasta el mediodía.

«Lo que muchos no entienden acerca de Jerry es que con él, el fútbol es cosa de doce meses», ha dicho el esquinero de la NFL, Kevin Smith. «Nació para eso, y sin embargo se esfuerza. Eso es lo que separa lo bueno de lo grande».

No importa cuán dotado sea un líder, sus dotes nunca alcanzarán su máximo potencial sin la aplicación de la autodisciplina

---

Rice recientemente alcanzó otro triunfo en su carrera: retornó a ella luego de una lesión devastadora. Anteriormente nunca había faltado a un juego en diecinueve temporadas de fútbol, un testimonio de su ética disciplinada de trabajo y su absoluta tenacidad. Cuando se lesionó una rodilla el 31 de agosto de 1997, la gente creyó que había puesto fin a la temporada. Era lógico, pues únicamente un jugador con un daño similar había regresado durante la misma temporada: Rod Woodson. Este se había rehabilitado en cuatro meses y medio. Rice lo hizo en tres y medio por puro coraje, determinación y autodisciplina increíbles. La gente nunca había visto antes nada igual, y puede que no lo vea otra vez. Y Rice continúa enriqueciendo su récord y su reputación mientras ayuda a su equipo a ganar.

UNA DIRECCIÓN DISCIPLINADA

Jerry Rice es un perfecto ejemplo del poder de la autodisciplina. Nadie logra y mantiene el éxito sin ella. Y no importa cuán dotado sea un líder, nunca sus dotes alcanzarán su máximo potencial sin la aplicación de la autodisciplina. Esta permite que un líder alcance el nivel más elevado y es la clave para un liderazgo duradero.

Si usted desea llegar a ser un líder para quien la autodisciplina sea una ventaja, siga estos puntos de acción:

1. DESAFÍE SUS EXCUSAS

Para desarrollar una vida disciplinada, una de sus primeras tareas debe ser desafiar y eliminar toda tendencia a ponerse excusas. Como dijo el escritor clásico francés François Le Rochefoucauld: «Casi todas nuestras faltas son más perdonables que los métodos que ideamos para esconderlas». Si usted tiene algunas razones por las cuales no puede autodisciplinarse, comprenda que son sólo un puñado de excusas que tiene que desafiar si desea pasar al siguiente nivel como líder.

2. SUPRIMA LAS RECOMPENSAS HASTA TERMINAR LA TAREA

El autor Mike Delaney afirmó sabiamente: «Todo negocio o industria que otorgue igual recompensa a sus holgazanes y a sus superactivos tarde o temprano se encontrará con más holgazanes que superactivos». Si uno carece de autodisciplina, puede haber caído en el hábito de comer el postre antes que los vegetales.

Esta narración ilustra el poder de aplazar las recompensas. Una pareja de ancianos había estado un par de días en un campamento, cuando una familia llegó al sitio contiguo al de ellos. Tan pronto como su vehículo deportivo se detuvo, los padres y sus tres muchachos saltaron del carro. Uno de los chicos bajó rápidamente las neveritas, los maletines portátiles y otros enseres, mientras los otros dos montaron sin demora las carpas. El sitio quedó listo en quince minutos.

La pareja de ancianos estaba maravillada. «Ustedes de

veras que trabajan muy bien juntos», dijo con admiración el caballero entrado en años.

«Lo que se necesita es un método», contestó el padre. «Nadie puede ir al baño hasta que la tienda de campaña esté montada».

3. MANTÉNGASE CONCENTRADO EN LOS RESULTADOS

Siempre que usted se concentre en la dificultad del trabajo, en lugar de hacerlo en los resultados o en las compensaciones, es probable que llegue a desalentarse. Deténgase en esto demasiado tiempo y fomentará autocompasión en vez de autodisciplina. La próxima vez que se enfrente a una tarea de cumplimiento obligado, y esté pensando en hacer lo que es cómodo en lugar de pagar el precio, cambie de enfoque. Cuente los beneficios que trae el hacer lo que es correcto y láncese.

SI SABE QUE TIENE TALENTO, Y HA VISTO MUCHA
ACCIÓN PERO POCOS RESULTADOS CONCRETOS,
LE PUEDE ESTAR FALTANDO AUTODISCIPLINA.

El autor H. Jackson Brown dijo con agudeza: «El talento sin disciplina es como un pulpo en patines. Hay mucho movimiento, pero uno nunca sabe si es hacia adelante, hacia atrás o hacia los lados. Si usted sabe que tiene talento, y ha visto mucha acción pero pocos resultados concretos, puede estar careciendo de autodisciplina».

Vea el programa de la semana pasada. ¿Cuánto tiempo dedicó usted a actividades regulares y disciplinadas? ¿Hizo algo por crecer y mejorarse profesionalmente? ¿Participó en actividades promotoras de la buena salud? ¿Dedicó parte de sus ingresos al ahorro o a la inversión? Si ha estado omitiendo esas cosas y diciéndose que las hará más tarde, puede que necesite mejorar su autodisciplina.

4

¿A QUÉ DEBO DAR PRIORIDAD EN MI VIDA?

La disciplina para establecer prioridades y la capacidad de trabajar hacia una meta fijada, son esenciales para el éxito de un líder.

El éxito puede definirse como *la progresiva realización de una meta predeterminada.* Esta definición nos dice que la disciplina para establecer las prioridades y la capacidad de trabajar hacia una meta fijada son esenciales para el éxito de un líder. En efecto, creo que esta es la clave del liderazgo.

Hace muchos años, mientras me preparaba para obtener un título en ciencias comerciales, aprendí acerca del Principio Pareto. Se le llama comúnmente Principio 20/80. Aunque recibí poca información sobre este principio en esa época, comencé aplicándolo a mi vida. Años después encuentro que era la herramienta más útil para determinar las prioridades en la vida de cualquier persona o de cualquier organización.

EL PRINCIPIO PARETO: EL PRINCIPIO 20/80

Un 20 por ciento de sus prioridades le darán un 80 por ciento de su producción. Si usted emplea su tiempo, energía, dinero y personal en el 20 por ciento de sus prioridades principales, ocurrirá lo que se visualiza en la figura:

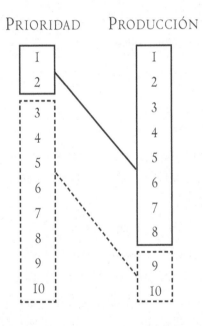

PRIORIDAD   PRODUCCIÓN

Las líneas sólidas en esta ilustración del Principio 20/80 representan a una persona u organización que invierte tiempo, energía, dinero y personal en las prioridades más importantes. El resultado es un aumento de cuatro veces en la productividad. Las líneas de puntos representan a una persona u organización que emplea tiempo, energía, dinero y personal en prioridades secundarias. El resultado es un aumento muy pequeño.

EJEMPLOS DEL PRINCIPIO PARETO

Tiempo	El 20 por ciento de nuestro tiempo produce un 80 por ciento de los resultados.
Consejería	El 20 por ciento de las personas toman el 80 por ciento de nuestro tiempo.
Productos	El 20 por ciento de los productos originan el 80 por ciento de las ganancias.
Lectura	El 20 por ciento de los libros contienen el 80 por ciento del contenido.
Empleo	El 20 por ciento de nuestro trabajo nos da el 80 por ciento de nuestra satisfacción.
Charla	El 20 por ciento de la presentación produce el 80 por ciento del impacto.
Donaciones	El 20 por ciento de las personas dará el 80 por ciento del dinero.
Liderazgo	El 20 por ciento de las personas hará el 80 por ciento de las decisiones.
Excursión	El 20 por ciento de las personas se comerá el 80 por ciento del alimento.

Todo líder necesita entender el Principio Pareto en cuanto a la atención a la gente y el liderazgo. Por ejemplo, el 80 por ciento del éxito de la compañía se deberá al 20 por ciento de las personas en una organización. La siguiente estrategia capacitará al líder para incrementar la productividad de una organización.

1. Determine cuáles son las personas que forman el 20 por ciento que más produce.
2. Invierta el 80 por ciento del tiempo que le va a dedicar a las personas en ese 20 por ciento que produce más.
3. Invierta el 80 por ciento de los dólares destinados para desarrollo de su personal en el 20 por ciento que produce más.
4. Determine qué 20 por ciento del trabajo produce un 80 por ciento del resultado y adiestre a un ayudante para realizar el 80 por ciento del trabajo menos efectivo. Esto le da libertad a los que producen para hacer lo que mejor saben hacer.
5. Pídale al 20 por ciento principal que vaya dando adiestramiento en el propio trabajo al siguiente 20 por ciento.

Recuerde que nosotros enseñamos lo que sabemos; reproducimos lo que somos. Como nos hicieron, así concebiremos. Yo enseño este principio en conferencias sobre liderazgo, y con frecuencia se me pregunta, «¿Cómo identifica uno ese 20 por ciento de influyentes/productores en la organización?». Sugiero que haga una lista de cada uno en su compañía o departamento. Hágase usted mismo esta pregunta sobre cada individuo: «¿Si esta persona toma una acción negativa contra mí o me retira su apoyo, cómo será el impacto?». Si cree que no podría funcionar, ponga una marca junto al nombre de la persona. Si la persona puede ayudarlo o dañarlo, pero no puede afectarlo a usted en cuanto a su capacidad para lograr cosas importantes, no ponga una marca junto a ese nombre. Cuando termine de marcar los nombres, habrá marcado entre el 15 o el 20 por ciento de los nombres. Estas son las relaciones vitales que necesita desarrollar y a las que debe dotarse con una suma adecuada de los recursos necesarios para el crecimiento de la organización.

ORGANICE O AGONICE

Recuerde: No es qué tan duramente usted trabaja; es qué tan inteligentemente lo hace. La capacidad de barajar con éxito tres o cuatro proyectos prioritarios es un deber primordial de todo líder.

UNA VIDA EN LA CUAL CUALQUIER COSA VIENE BIEN SERÁ AL FINAL DE CUENTAS UNA VIDA EN LA QUE NADA OCURRE.

Priorizar tareas

Alta Importancia/Gran Urgencia: Aborde estos proyectos primero.

Alta Importancia/Poca Urgencia: Establezca plazos fijos para completar los proyectos y haga que estos se incluyan en su rutina diaria.

Baja importancia/Gran Urgencia: Descubra maneras rápidas y eficientes para que su trabajo se complete sin mucha participación personal. Si es posible, delegue esto a un subalterno que pueda hacerlo.

Baja Importancia/Poca Urgencia: Este es un trabajo complicado o monótono, tal como archivar. Ordénelos en grupo y hágalo en períodos de media hora cada semana; busque a alguien para hacer esto o no lo haga. Antes de posponer hasta mañana algo que usted puede hacer hoy, estúdielo bien. Quizá puede posponerlo indefinidamente.

ESCOGER O PERDER

Cada persona es un iniciador o un seguidor cuando se trata de planear. Un ejemplo es nuestro calendario. La cuestión no es decir «¿estará llena mi agenda?»; sino «¿quién llenará mi agenda?» Si somos líderes de otros, la pregunta no es «¿veré a alguien?», sino «¿a quién veré?» Mi observación es que los líderes tienden a iniciar y los seguidores tienden a reaccionar. Nótese la diferencia:

LÍDERES	SEGUIDORES
Inician	Reaccionan.
Dirigen, toman el teléfono y se ponen en contacto	Escuchan; esperan a que suene el teléfono.
Emplean tiempo planeando; anticipan los problemas	Emplean tiempo viviendo 'día tras día' y reaccionando ante los problemas.

| Invierten tiempo con las personas | Pierden tiempo con la gente |
| Llenan su agenda de prioridades | Llenan la agenda con solicitudes |

EVALUAR O ESTANCARSE

Muchas veces las prioridades no son en blanco y negro, sino en muchos tonos de gris. Me he dado cuenta que lo que uno sabe menos es lo que debe poner primero. Las siguientes preguntas lo ayudarán en el proceso de las prioridades:

¿Qué se exige de mí? Un líder puede renunciar a todo menos a su responsabilidad final. La pregunta que siempre debe responderse antes de aceptar un nuevo empleo es «¿qué se exige de mí?» En otras palabras, ¿qué es lo que tengo que hacer, que nadie sino yo puede hacerlo? Sea lo que sea, debe ponerse en primer plano en la lista de prioridades. Dejar de hacerlo lo hará figurar entre los desempleados. Habrá muchas responsabilidades de diferentes niveles en su puesto, pero sólo unas cuantas habrá que exijan que sea usted el único que las haga. Distinga entre lo que usted tiene que hacer y lo que puede delegarse a otro.

¿Qué me da el mayor rendimiento? El esfuerzo que se invierte debe estar al nivel de los resultados que se esperan. Una pregunta que debemos hacernos siempre es esta: «¿Estoy haciendo lo que sé hacer mejor y obteniendo buenos resultados

para la organización?» Tres problemas comunes en muchas
organizaciones son:

- Abuso. Muy pocos empleados están haciendo
demasiado.

- Desuso. Demasiados empleados están haciendo
demasiado poco.

- Uso indebido. Demasiados empleados están haciendo
lo que no deben.

¿Qué es lo más remunerador? La vida es muy corta para que
no sea divertida. Nuestro mejor trabajo lo hacemos cuando lo
disfrutamos. Hace algún tiempo hablé en una conferencia de
líderes donde traté de enseñar este principio. El título de mi
conferencia fue «Acepte este empleo y disfrútelo». Animé al
auditorio a encontrar algo que les gustara tanto hacer que se
sintieran contentos de hacerlo gratis. Luego sugerí que apren-
dieran a hacerlo tan bien que las personas se sintieran felices
de pagarles. Usted se goza porque está haciendo una contri-
bución al mundo.

El éxito en su trabajo aumentará notablemente si las tres
R —Requisito, Rendimiento y Recompensa— son similares.
En otras palabras, si los requisitos de mi trabajo son iguales a
las fuerzas que me dan el más alto rendimiento y el hacer
estas cosas me produce gran placer, entonces tendré éxito si
actúo de acuerdo a mis prioridades.

PRINCIPIOS DE LAS PRIORIDADES

LAS PRIORIDADES NUNCA SE QUEDAN EN EL MISMO LUGAR

Las prioridades continuamente cambian y exigen atención. H. Ross Perot dijo que todo lo que es excelente o digno de elogio está a cada momento en primer plano y hay que pelear por ello constantemente. Las prioridades bien establecidas siempre se basan en el «primer plano».

Para mantener las prioridades en su lugar:

- Evalúe: Cada mes revise las tres R: Requisito, Rendimiento y Recompensa.

- Elimine: Pregúntese: «¿Qué estoy haciendo que puede otro hacer?»

- Calcule: ¿Cuáles son los proyectos principales que está realizando este mes y cuánto tiempo exigen?

NO DEBE SOBREESTIMAR LA FALTA DE IMPORTANCIA DE PRÁCTICAMENTE TODO.

Me encanta este principio. Es un poco exagerado pero hay que decirlo. William James dijo que el arte de ser sabio es «el arte de conocer qué se pasó por alto». Lo insignificante y lo mundano nos roba mucho de nuestro tiempo. Demasiadas personas viven para lo que no deben vivir.

El Dr. Anthony Campolo comenta sobre un estudio sociológico en el cual a cincuenta personas mayores de noventa y cinco años se les hizo una pregunta: «Si pudiera vivir su vida otra vez, ¿qué haría diferente?» Esta fue una pregunta de ilimitadas respuestas y una multiplicidad de ellas surgió de labios de aquellos ciudadanos de edad muy avanzada. Por supuesto, tres respuestas se repitieron constantemente y dominaron el resultado del estudio. Estas tres respuestas fueron:

- Si tuviera que hacerlo otra vez, reflexionaría más.
- Si tuviera que hacerlo otra vez, me arriesgaría más.
- Si tuviera que hacerlo otra vez, haría más cosas que permanecieran después de mi muerte.

A una joven violinista de concierto se le preguntó el secreto de su éxito. Respondió «negligencia deliberada». Y explicó: «Cuando estaba en la escuela, había muchas cosas que exigían mi tiempo. Cuando iba a mi cuarto después del desayuno, hacía mi cama, ordenaba mi cuarto, barría el piso y hacía cuanto venía a mi atención. Después me apresuraba a mi práctica de violín. Y me di cuenta que no progresaba como pensaba que debía, de modo que alteré el orden de mis tareas. Hasta completar el período de mi práctica, deliberadamente no abandoné todo lo demás. Creo que en parte mi éxito se debe a aquel programa de negligencia deliberada»[1].

Lo bueno es enemigo de lo mejor

La mayoría de las personas pueden establecer prioridades cuando se enfrentan con asuntos correctos o erróneos. El reto surge cuando nos enfrentamos con dos buenas opciones.

¿Qué debemos hacer ahora? ¿Qué tal si ambas opciones encajan cómodamente dentro de los requisitos, el rendimiento y la recompensa de nuestro trabajo?

Cómo romper el empate entre dos buenas opciones
* Pregúntele a su capataz o a sus compañeros de trabajo cuál es la que prefieren.
* ¿Puede encomendarse una de las opciones a otra persona?
* ¿Qué opción sería más beneficiosa para el cliente? Muchísimas veces somos como el comerciante que estaba tan empeñado en mantener la tienda limpia que nunca abría la puerta principal. ¡La verdadera razón de operar la tienda es que los clientes la visiten, no limpiarla!
* Tome su decisión basándola en el propósito de la organización.

LAS DEMASIADAS PRIORIDADES NOS PARALIZAN

Todos nosotros hemos visto nuestro escritorio lleno de recordatorios y papeles, hemos escuchado sonar el teléfono y hemos visto que se abre la puerta, y todo al mismo tiempo. ¿Recuerda el escalofrío que sintió?

William H. Hinson nos dice por qué los entrenadores de animales usan una banqueta cuando entran en la jaula de un león. Tienen un látigo, por supuesto, y pistolas a su lado. Pero invariablemente llevan una banqueta. Dice Hinson que este es el instrumento más importante del entrenador. Este sostiene la banqueta por el espaldar y empuja las patas hacia la cara de la fiera. Los que saben afirman que el animal trata de concentrarse en las cuatro patas al mismo tiempo. Al intentar enfocar su mirada en las cuatro patas, una especie de parálisis le sobreviene, y se pone manso, débil e inhabilitado debido a que su atención está fragmentada. (Ahora tendremos más empatía con los leones.)

Si usted está sobrecargado de trabajo, enumere las prioridades en una hoja de papel separada antes de llevarla a su jefe y vea lo que él escoge como prioridades.

Al fin de cada mes yo planeo y escribo mis prioridades para el siguiente mes. Me siento con mi ayudante y hago que coloque esos proyectos en el calendario. Ella me maneja cientos de cosas mensualmente. Sin embargo, cuando algo es de suma importancia o suma urgencia, se lo comunico de modo que pueda colocarse sobre las otras cosas. Todos los verdaderos líderes han aprendido a decir no a lo bueno, a fin de decir sí a lo mejor.

CUANDO LAS PEQUEÑAS PRIORIDADES EXIGEN MUCHO DE NOSOTROS, SURGEN GRANDES PROBLEMAS

Robert J. McKain dijo: «La mayoría de los objetivos principales no se logran porque gastamos nuestro tiempo haciendo primero las cosas secundarias».

La eficiencia es el fundamento de la supervivencia, la efectividad es el fundamento del éxito.

Con frecuencia las pequeñas cosas de la vida nos hacen tropezar. Un trágico ejemplo es el gigantesco avión a reacción de Eastern Airlines que se estrelló en los Everglades de la Florida. El avión era el ahora famoso vuelo 401, que partió de Nueva York rumbo a Miami con una pesada carga de pasajeros que iban de vacaciones. A medida que el avión se acercaba al aeropuerto de Miami para aterrizar, la luz que indica si el despliegue del engranaje de aterrizaje es adecuado, dejó de alumbrar. El avión dio una gran vuelta en círculo sobre los pantanos de los Everglades; mientras, los tripulantes desde la cabina verificaban si el engranaje realmente no se había desplegado, o si el bombillo de la señal lumínica estaba defectuoso.

Cuando el ingeniero de vuelo trató de cambiar el bombillo, este no se movía y los otros miembros de la tripulación trataron de ayudarlo. Mientras bregaban con el bombillo, nadie notó que el avión estaba perdiendo altitud, y sencillamente cayó directamente dentro del pantano. Docenas de personas murieron en el accidente. Mientras una experta tripulación de pilotos bien pagados lidiaba con el bombillo de setenta y cinco centavos, el avión con sus pasajeros cayó directamente a tierra.

Las fechas límite y las emergencias nos obligan a establecer prioridades

En la Ley de Parkinson encontramos esto: si usted tiene que escribir sólo una carta, le tomará todo el día escribirla. Si usted tiene veinte cartas por escribir, las hará en un día. ¿Cuándo es el momento de más efectividad en nuestro trabajo? ¡La semana antes de las vacaciones! ¿Por qué no podemos siempre conducir nuestra vida del modo que lo hacemos la semana antes de dejar la oficina, tomando decisiones, limpiando el escritorio, contestando las llamadas? Bajo condiciones normales somos eficientes (hacemos las cosas bien). Cuando aumenta la presión del tiempo o surgen las emergencias, llegamos a ser efectivos (hacemos las cosas debidas). La eficiencia es el fundamento de la supervivencia. La efectividad es el fundamento del éxito.

La noche del 14 de abril de 1912 el gran trasatlántico Titanic chocó con un témpano de hielo en el Atlántico y se hundió, lo que causó gran pérdida de vidas. Una de las más curiosas narraciones de aquel desastre fue la de una mujer que ocupó un sitio en uno de los botes salvavidas.

Preguntó si podía regresar a su camarote para recoger algo y le fueron concedidos sólo tres minutos. En su camarote no se ocupó de sus joyas, sino que echó mano de tres naranjas y regresó rápidamente a su sitio en el bote.

Unas horas antes habría sido absurdo pensar que hubiera aceptado una canasta de naranjas ni siquiera a cambio de un pequeño diamante, pero las circunstancias habían transformado de pronto todos los valores a bordo del barco. La emergencia había puesto en claro sus prioridades.

CON MUCHA FRECUENCIA APRENDEMOS DEMASIADO TARDE LO QUE ES EN VERDAD IMPORTANTE

Gary Reddings cuenta esta historia sobre el senador Paul Tsongas de Massachussets. En enero de 1984 anunció que se retiraría del senado de Estados Unidos y que no buscaría la reelección. Tsongas era una estrella política en ascenso. Era un fuerte favorito para la reelección e incluso había sido mencionado como futuro candidato potencial a la presidencia o vicepresidencia de los Estados Unidos.

Unas cuantas semanas antes de su anuncio, a Tsongas le habían informado que tenía cierta forma de cáncer linfático incurable, pero que podía recibir tratamiento. Con toda probabilidad, eso no afectaría grandemente su capacidad física ni su expectativa de vida. La enfermedad no forzó a Tsongas a salir del senado, pero lo forzó a encarar la realidad de su propia mortalidad. Ya no sería capaz de realizar todo lo que hubiera querido hacer. De modo pues ¿qué cosas de veras deseaba hacer en el tiempo que le quedaba?

Decidió que lo que más deseaba en la vida, a lo que no renunciaba si no podía tenerlo todo, era a estar con su familia y contemplar a sus hijos crecer. Lo prefería a redactar las leyes de la nación o a que su nombre apareciera en los libros de historia.

Poco después de anunciar su decisión, un amigo escribió una nota para felicitar a Tsongas por haber establecido correctamente sus prioridades. La nota rezaba así: «Jamás nadie en su lecho de muerte ha dicho, "Ojalá hubiera pasado más tiempo en mi negocio"».

5

¿CÓMO DESARROLLO
LA CONFIANZA?

La confianza es el fundamento del liderazgo.

Una de las lecciones más importantes que un líder puede aprender es cómo funciona la confianza. Para mí, es un poco parecido a ganar y gastar el cambio del bolsillo. Cada vez que usted hace una buena decisión de liderazgo coloca cambio en su bolsillo. Cada vez que usted hace una decisión pobre tiene que pagar con algo de ese cambio a la gente.

Cada líder tiene cierta cantidad de cambio en su bolsillo cuando comienza en una nueva posición de liderazgo. A partir de allí, lo acrecienta o lo gasta. Si toma una mala decisión tras otra, sigue gastando el cambio. Entonces un día, después de tomar una última decisión mala, va a sacar de su bolsillo y ve que no tiene cambio. No importa si su error fue grande o pequeño. Cuando usted no tiene cambio, queda fuera como líder.

La historia de éxitos y fracasos de un líder provoca una

gran diferencia en su credibilidad. Su gente sabe cuándo usted comete errores. El verdadero problema es si usted va a reconocerlo. Si lo hace, rápidamente podría volver a ganarse su confianza. Yo he aprendido de primera mano que cuando se trata de liderazgo, usted no puede tomar atajos, no importa cuánto tiempo haya estado dirigiendo a su gente.

La confianza es el fundamento del liderazgo

Hay tres cualidades que un líder debe ejemplificar para ganarse la confianza de la gente: competencia, comunicación y carácter. La gente perdonará equivocaciones ocasionales basadas en la capacidad, especialmente si pueden ver que usted aún está creciendo como líder. Pero no confiarán en alguien que tiene deslices en su carácter. En esas cuestiones, aún los lapsos ocasionales son letales. Todo líder efectivo conoce esta verdad. El presidente y jefe ejecutivo de la Pepsi Cola, Craig Weatherup reconoce que «la gente tolera errores sinceros, pero si usted viola su confianza será muy difícil volverla a conquistar. Por eso es que usted necesita tratar la confianza como su bien más preciado. Usted puede engañar a su jefe pero nunca podrá engañar a sus colegas o subordinados».

El general H. Norman Schwarzkopf señala lo siguiente respecto al significado del carácter: «El liderazgo es una potente combinación de estrategia y carácter. Pero si va a faltar una de ellas, que sea la estrategia». El carácter y la credibilidad del liderazgo siempre van mano con mano. Anthony Harrigan, presidente del U.S. Business and Industrial Council, ha dicho:

> El papel del carácter siempre ha sido el factor clave en el ascenso y caída de las naciones. Y uno puede estar seguro que los Estados Unidos no son una excepción a esta regla de la historia. No sobreviviremos como país porque seamos más inteligentes o más avanzados sino porque somos —espero— más fuertes interiormente. En resumen, el carácter es el único baluarte efectivo contra las fuerzas internas y externas que llevan a un país a la desintegración o al colapso.

El carácter hace posible la confianza. Y la confianza hace posible el liderazgo.

EL CARÁCTER COMUNICA

El carácter comunica muchas cosas a los seguidores:

I. EL CARÁCTER COMUNICA CONSISTENCIA

Con los líderes sin fuerza interior no se puede contar en la vida diaria a causa de su tendencia a estar siempre realizando cambios. El gran Jerry West, de la NBA comentaba:

«Uno no puede hacer mucho en la vida si sólo trabaja los días en que se siente bien». Si su gente no sabe qué esperar de usted como líder, en algún momento dejarán de buscarlo para que los dirija.

CUANDO EL CARÁCTER DE UN LÍDER ES FUERTE,
LA GENTE CONFÍA EN ÉL Y EN SU CAPACIDAD
PARA DESPLEGAR SU POTENCIAL.

Piense en lo que ocurrió a finales de la década del 1980. Varios líderes cristianos de relieve se tambalearon y cayeron debido a problemas morales. Esa falta de solidez puso en tela de juicio su capacidad de dirigir a su pueblo. Es más, fue como un ojo amoratado para cada pastor en toda la nación, porque hizo que la gente llegara a sospechar de todos los líderes religiosos, sin considerar su expediente personal. El carácter deficiente de aquellos líderes caídos destruyó las bases de su liderazgo.

Cuando pienso en los líderes que personifican la consistencia de carácter, la primera persona que me viene a la mente es Billy Graham. Aparte de sus creencias religiosas personales, todo el mundo confía en él. ¿Por qué? Porque ha servido de modelo de un gran carácter por más de medio siglo. Billy Graham ejemplifica sus valores cada día. Nunca hace un compromiso a menos que vaya a cumplirlo. Y hace cualquier cosa por personificar la integridad.

El carácter comunica potencial

John Morley observaba: «Ningún hombre puede ascender más allá de las limitaciones de su carácter». Esto es especialmente cierto cuando se trata de liderazgo. Tómese, por ejemplo, el caso del entrenador de NHL Mike Keenan. A mediados de 1997 tenía un notable expediente de victorias en el hockey profesional: el quinto lugar más alto de victorias en temporadas regulares, el tercer lugar más alto en victorias de eliminación, seis títulos de división, cuatro apariciones finales en NHL y una Copa Stanley.

Sin embargo, a pesar de esas meritorias credenciales, Keenan no fue capaz de quedarse con un solo equipo por mucho tiempo. En once temporadas y media entrenó a cuatro diferentes equipos. Y después de dejar el cuarto equipo —los Azules De San Luis— no fue capaz de tener un empleo por largo tiempo. ¿Por qué? El cronista deportivo E. M. Swift dijo de Keenan lo siguiente: «La renuencia a emplear a Keenan es *fácilmente* explicable. Dondequiera que ha estado, ha puesto en pugna a los jugadores y a la administración»[1]. Evidentemente, sus jugadores no le tenían confianza. Ni los dueños, quienes eran los que se beneficiaban si sus equipos ganaban.

Craig Weatherup explica: «Uno no crea confianza hablando del asunto. Se crea confianza logrando resultados, siempre con integridad y de manera que demuestre un verdadero interés en la gente con quien uno trabaja»[2]. Cuando el carácter del líder es fuerte, la gente confía en él, y confían en su capacidad para desplegar su potencial. Eso no sólo le da a los seguidores esperanza respecto del futuro, sino que promueve una gran fe en ellos mismos y en su organización.

El carácter comunica respeto

Cuando uno no tiene fortaleza interior no puede ganar respeto. Y el respeto es absolutamente esencial para un liderazgo duradero. ¿Cómo ganan respeto los líderes? Tomando sabias decisiones, reconociendo sus errores y haciendo lo que es mejor para sus seguidores y la organización, más allá de sus intereses personales.

El buen carácter de un líder crea confianza entre sus seguidores. Pero cuando un líder quebranta la confianza, destruye su capacidad para dirigir. Recordaba esto mientras escuchaba una lección que impartía mi amigo Bill Hybels. Cuatro veces al año él y yo enseñábamos en un seminario llamado «Liderazgo y comunicación para cambiar vidas». Bill dirigía una sesión titulada «Lecciones de una pesadilla de liderazgo» y compartía observaciones e ideas sobre algunos de los errores de liderazgo cometidos por Robert McNamara y el gobierno de Johnson durante la guerra de Vietnam. Entre estos errores estaban la incapacidad de la administración para establecer prioridades entre múltiples desafíos, su aceptación de suposiciones incorrectas y el fracaso de Johnson para enfrentar graves conflictos del personal administrativo. Pero en mi opinión, la idea más importante que Bill presentó durante esa charla tenía que ver con el hecho de que los líderes de Estados Unidos, incluyendo a McNamara, no encararon ni reconocieron públicamente los terribles errores que habían cometido respecto de la guerra en Vietnam. Sus acciones destruyeron la confianza del pueblo americano, y los Estados Unidos han estado sufriendo sus repercusiones desde entonces.

Ningún líder puede quebrantar la confianza de su gente y esperar mantener el mismo nivel de influencia. La confianza es el fundamento del liderazgo. Si usted viola la confianza de su gente, ha terminado como líder.

6

¿CÓMO PLASMO
EFECTIVAMENTE UNA VISIÓN?

Usted puede medir sólo lo que puede ver.

Uno de los grandes soñadores del siglo veinte fue Walt Disney. Cualquier persona que haya podido crear el primer dibujo animado con sonido, el primer dibujo animado a todo color y la primera película de largo metraje con dibujos animados es definitivamente alguien con visión. Pero la obra maestra de visión que tuvo Walt Disney fue Disneyland y Walt Disney World. Y la chispa que creó esta visión vino del lugar menos pensado.

Cuando las dos hijas de Walt Disney eran pequeñas, las llevaba a un parque de diversiones en los alrededores de Los Ángeles los sábados por la mañana. A sus niñas les encantaba, y a él también. Un parque de diversiones es un paraíso para los niños, con una atmósfera maravillosa.

Walt estaba especialmente cautivado por el carrusel. Cuando se aproximó a él, vio una mancha de brillantes imágenes que daba vueltas al compás de una vibrante música de órgano. Pero cuando se acercó más y el carrusel se detuvo, pudo ver que el ojo lo había engañado. Observó los desgastados caballitos con rajaduras y mala pintura; y notó que sólo los caballitos del círculo exterior se movían hacia arriba y hacia abajo. Los otros permanecían inmóviles, fijos en el suelo.

El desencanto del dibujante de historietas lo inspiró con una gran visión. Con el ojo de su mente pudo ver un parque de diversiones donde la ilusión no se evaporase, donde los niños y los adultos pudieran disfrutar una atmósfera de carnaval sin el aspecto degradado que acompaña a algunos circos o carnavales ambulantes. Este sueño se convirtió en Disneyland. Como Larry Taylor señaló en Be An Orange, la visión de Walt podía resumirse como: «No pintura barata. Todos los caballitos saltan».

FÍJESE ANTES DE LIDERAR

La visión lo es todo para un líder. Es totalmente indispensable. ¿Por qué? Porque la visión ejerce liderazgo sobre el líder. La visión dibuja el blanco. Centellea y enciende el fuego que hay en él, y lo impulsa hacia adelante. Y es también lo que prende el fuego para otros que siguen al líder. Muéstreme a un líder sin visión y le mostraré a alguien que no va a ninguna parte. En el mejor de los casos, está viajando en círculos.

Para examinar una visión y ver cómo forma parte de la vida de un buen líder, deben entenderse estas cosas:

1. La visión comienza en el interior

Cuando doy conferencias, a veces alguien me pide que le dé una visión para su organización. Pero no puedo hacerlo. Usted no puede comprar, suplicar o pedir prestada una visión. Esta tiene que venir de adentro. Para Disney, la visión no fue nunca un problema. Debido a su creatividad y deseo de excelencia, siempre vio lo que *podría* ser.

Si tiene falta de visión, busque en su interior. Extraiga de sus dones y deseos naturales. Fíjese en su llamado si tiene uno. Y si aún no siente una visión suya propia, asóciese con un líder cuya visión concuerde con su parecer. Hágase su socio. Esto es lo que hizo Roy, el hermano de Walt Disney. Era un buen hombre de negocios y un líder que podía hacer que las cosas sucedieran, pero Walt suministró la visión. Juntos hicieron un equipo increíble.

2. La visión surge de su propio historial

La visión no es una cualidad mística que viene del vacío, como algunas personas parecen creer. Surge del pasado de un líder y de la historia de la gente que lo rodea. Ese fue el caso de Disney. Pero esto es cierto para todos los líderes. Hable con cualquier líder y es muy probable que descubra hechos clave en su pasado que fueron instrumentos para la formación de su visión.

3. La visión llena las necesidades de otros

La verdadera visión es de largo alcance. Va más allá de lo

que un individuo puede realizar. Y si tiene verdadero valor hace algo más que *incluir* a otros; más bien *añade valor* a otros. Si usted tiene una visión que no sirve a otros, probablemente sea muy pequeña.

4. LA VISIÓN LO AYUDA A OBTENER RECURSOS

Uno de los más valiosos beneficios de la visión es que actúa como un imán que atrae, desafía y une a las personas. Asimismo logra recursos financieros y otros recursos. Cuanto mayor sea la visión, mayor será el número de ganadores que tiene el potencial de atraer. Mientras más desafiante sea la visión, más difícil será la batalla de los participantes por alcanzarla. Edwin Land, el fundador de Polaroid, recomendaba: «Lo primero que debe hacer es enseñar a la persona a sentir que la visión es muy importante y casi imposible. Eso impulsa a los ganadores».

CONCÉNTRESE EN ESCUCHAR

¿De dónde viene la visión? Para hallar la visión que es indispensable para el liderazgo, tiene que llegar a ser un buen oyente. Debe atender a varias voces.

LA VOZ INTERIOR

Como ya he dicho, la visión comienza en el interior. ¿Sabe usted cuál es su misión en la vida? ¿Qué conmueve su corazón? ¿En qué sueña? Si lo que usted busca no surge de un deseo profundo —de lo más hondo de quien usted es y cree—, no podrá lograrlo.

La voz descontenta

¿De dónde viene la inspiración para las grandes ideas? De darse cuenta de lo que no da resultado. El descontento con el *estatus quo* es un gran catalizador para una visión. ¿Tiene usted la complacencia a toda marcha? ¿O anhela cambiar su mundo? Ningún gran líder en la historia ha peleado por impedir el cambio.

La voz del éxito

Nadie puede lograr grandes cosas por sí solo. Para realizar una gran visión, usted necesita un buen equipo. Pero también necesita un buen consejo de alguien que le lleve la delantera en la jornada del liderazgo. Si desea conducir a otros hacia la grandeza, busque un mentor. ¿Tiene usted un consejero que pueda ayudarlo a hacer más definida su visión?

PIENSE EN LO QUE QUISIERA QUE CAMBIARA
EN EL MUNDO QUE LO RODEA.

La voz más alta

Si bien es verdad que su visión debe venir de adentro, uno no debe dejarla confinada a sus limitadas facultades. Una visión verdaderamente valiosa debe incluir a Dios. Sólo Él conoce nuestras plenas capacidades. ¿Ha mirado usted más allá de usted mismo, aún más allá del curso de su propia vida, al buscar su visión? Si no, puede que esté desaprovechando su verdadero potencial y lo mejor de la vida.

Para mejorar su visión, haga lo siguiente:

Mídase. Si ha pensado antes sobre la visión de su vida y la ha articulado, mida cómo la está desarrollando. Hable con varias personas clave, tal como su cónyuge, un amigo cercano y empleados clave, y pídales que le digan, según ellos, cuál es la visión de *usted*. Si pueden articularla, usted probablemente la está viviendo.

Haga un examen profundo. Si no ha trabajado mucho por su visión, emplee las próximas semanas o meses pensando en ello. Considere lo qué realmente lo impacta profundamente. *¿Qué le hace llorar?, ¿qué le hace soñar?, ¿qué le da energía?*

Piense también sobre lo que le gustaría ver cambiar en el mundo que lo rodea. ¿Qué ve que no es pero que debería ser? Una vez que sus ideas comiencen a ser más claras, escríbalas y hable con un consejero sobre las mismas.

Desde 1923 hasta 1955, Robert Woodruff sirvió como presidente de la Coca-Cola. Durante esos años, quiso que la Coca-Cola estuviera al alcance de todo soldado americano en todo el mundo por el precio de cinco centavos, independientemente de cuál fuera el costo para la compañía. ¡Qué meta tan atrevida! Pero eso no era nada en comparación con el panorama mayor que pudo ver en su mente en el curso de su vida: quería que toda persona en el *mundo* probara la Coca-Cola. Cuando escudriña en su corazón y en su alma una visión, ¿qué ve?

PARTE III

EL IMPACTO
DE UN LÍDER

7

¿POR QUÉ ES IMPORTANTE
LA INFLUENCIA?

La verdadera medida del liderazgo es la influencia.
Nada más, nada menos.

Si usted no tiene influencia, *jamás* podrá ser líder de otros. ¿Cómo puede entonces hallarse y medirse la influencia? A continuación respondo a esa pregunta con una anécdota.

A finales del verano de 1997, la gente quedó impresionada por dos hechos que ocurrieron en un intervalo de menos de una semana: la muerte de la princesa Diana y de la Madre Teresa. Superficialmente, las dos mujeres no pudieron ser más diferentes. Una era una alta, encantadora, joven princesa de Inglaterra que se movía en la más alta sociedad. La otra, Premio Nóbel de la Paz, era una monja católica pequeña y de edad avanzada, nacida en Albania, quien servía a los más pobres de los pobres en Calcuta, India.

Lo que es increíble es que el impacto de ambas fue notablemente similar. En una encuesta publicada en 1996 por el Daily Mail de Londres, la princesa Diana y la Madre

Teresa recibieron la primera y segunda votaciones más altas como las dos personas más compasivas del mundo. Eso es algo que no ocurre a menos que uno cuente con una gran influencia. ¿Cómo es que alguien como Diana llegó a ser considerada a la par de la Madre Teresa? La respuesta es que ella demostró el poder de la Ley de la Influencia.

Diana conquistó la imaginación del mundo

En 1981, cuando se casó con el príncipe Carlos de Inglaterra, Diana llegó a ser la persona de quien más se hablaba en el mundo. Cerca de mil millones de personas contemplaron la boda de Diana televisada desde la Catedral de San Pablo. Y desde ese día, parecía que la gente no se cansaba de escuchar noticias sobre ella. La gente estaba intrigada con Diana, una plebeya que una vez fuera maestra de kindergarten. Al principio parecía demasiado tímida y totalmente abrumada por toda la atención que ella y su esposo estaban recibiendo. Al comienzo de su matrimonio, algunos reportajes señalaban que Diana no estaba muy feliz desempeñando los deberes que se esperaban de ella como princesa. Sin embargo, con el tiempo se ajustó a su nuevo papel. Cuando comenzó a viajar y a representar a la familia real en todo el mundo en diversas funciones, se hizo el propósito de servir a otros y levantar fondos para numerosas causas caritativas. Durante el proceso, entabló muchas relaciones importantes con políticos, organizadores de causas humanitarias, artistas y jefes de estado.

Diana comenzó convocando a la gente para causas tales como las investigaciones médicas sobre el SIDA, la atención a las personas leprosas y la prohibición de minas terrestres. Fue bastante influyente al traer esto último a la atención de los líderes mundiales. En una visita a los Estados Unidos pocos meses antes de su muerte, se reunió con miembros del gobierno de Clinton para convencerlos de que apoyaran la Conferencia de Oslo que prohibía tales dispositivos. Y pocas semanas después, ellos cambiaron de postura. Patrick Fuller, de la Cruz Roja Británica, dijo: «La atención que ella despertó hacia el tema ejerció influencia en Clinton. Ella colocó la cuestión en la orden del día mundial, no cabe duda»[1].

APARICIÓN DE UN LÍDER

Al principio, el título nobiliario de Diana le había proporcionado solo una plataforma para dirigirse a otros, pero pronto se convirtió en una persona de influencia por derecho propio. En 1996, cuando se divorció del príncipe Carlos, perdió su título, pero esa pérdida no disminuyó en nada su impacto sobre otros. Al contrario, su influencia continuó en aumento mientras que la de su ex esposo y su familia declinaban, a pesar de sus títulos y realeza.

Irónicamente, aún en la muerte, Diana continuó influyendo

en otros. Cuando trasmitieron su funeral por la televisión y la radio de la BBC, se tradujo a cuarenta y cuatro idiomas. La NBC calculó que la audiencia alcanzó una cifra de 2 mil 500 millones de personas, más del doble de las personas que vieron su boda.

EL VERDADERO LIDERAZGO NO PUEDE CONFERIRSE COMO PREMIO, NOMBRAMIENTO O ASIGNACIÓN. SÓLO SURGE DE LA INFLUENCIA.

A la princesa Diana la han calificado de muchas maneras. Pero una palabra que nunca escuché que se usara para describirla fue la de líder. Sin embargo, eso es lo que fue. A la larga hacía que las cosas sucedieran porque ella era una influencia y el liderazgo es influencia, nada más y nada menos.

CINCO MITOS SOBRE EL LIDERAZGO

Hay muchos conceptos equivocados y mitos que la gente hace suyos sobre los líderes y el liderazgo. He aquí cinco que son comunes:

1. EL MITO DE LA ADMINISTRACIÓN

Un concepto erróneo muy extendido es que dirigir y administrar son una misma cosa. Hasta hace pocos años, los libros que decían ser de liderazgo, a menudo eran de administración. La principal diferencia entre una y otra cosa es que liderazgo es influir sobre las personas para que lo sigan a uno, mientras que la administración se concentra en mantener sistemas y procesos. La mejor manera de probar si una persona puede dirigir antes que administrar es pedirle que cree un cambio positivo. Los administradores pueden mantener la dirección, pero no pueden cambiarla. Para movilizar a las personas hacia una nueva dirección se necesita influencia.

2. EL MITO DE LA EMPRESA

Frecuentemente, las personas dan por sentado que todos los vendedores y empresarios son líderes. Pero ese no es siempre el caso. Quizá recuerde los anuncios de Ronco que aparecían en televisión hace años sobre diversos artículos para la cocina. Esos productos eran las mejores ideas de un empresario llamado Ron Popeil. Este hombre, calificado como el vendedor del siglo, también aparecía en numerosos anuncios de productos para la calvicie y artículos para deshidratar alimentos.

Popeil es ciertamente emprendedor, innovador y triunfador, especialmente si se mide por los $300 millones que sus productos han ganado en las ventas. Pero eso no lo convierte en líder. Las personas pueden estar comprando lo que él tiene a la venta, pero no lo están siguiendo. Cuando mucho, es capaz de persuadir a la gente por un momento, pero no tiene una influencia prolongada.

3. EL MITO DEL CONOCIMIENTO

Sir Francis Bacon decía: «Conocimiento es poder». La mayoría de las personas, creyendo que el conocimiento es la esencia del liderazgo, dan por sentado naturalmente que quienes poseen conocimiento e inteligencia son líderes. Sin embargo, eso no es automáticamente cierto. Usted puede visitar cualquier universidad importante y encontrar científicos y filósofos brillantes, cuya capacidad para pensar está fuera de serie, pero cuya capacidad para ser líderes es tan baja que no aparece siquiera registrada. Cociente intelectual no necesariamente equivale a liderazgo.

4. EL MITO DEL PIONERO

Otro concepto equivocado es que cualquiera que marcha al frente de una multitud es un líder. Pero ser el primero no es siempre lo mismo que dirigir. Por ejemplo, Sir Edmund Hillary fue el primer hombre en alcanzar la cumbre del Monte Everest. Desde su histórico ascenso en 1953, mucha gente lo ha «seguido» en el logro de esa conquista. Pero eso no hace de Hillary un líder. El no fue siquiera el líder en aquella expedición. El líder fue John Hunt. Y cuando Hillary viajó al Polo Sur en 1958 como parte de la Commonwealth Trans-Antarctic Expedition, fue acompañando a otro líder, Sir Vivian Fuchs. Para ser un líder, una persona tiene no sólo que estar al frente, sino también tener gente intencionalmente detrás de él, que siga su guía y actúe según su visión.

5. EL MITO DE LA POSICIÓN

La mayor mala interpretación sobre liderazgo es que las personas creen que está basado en la posición, pero no es así.

Stanley Huffry afirmó: «No es la posición lo que hace al líder, es el líder el que hace la posición».

Fíjese lo que ocurrió hace varios años en Cordiant, la agencia de anuncios antes conocida como Saatchi & Saatchi. En 1994 los inversionistas institucionales en Saatchi & Saatchi forzaron a la junta directiva a destituir a Maurice Saatchi, el presidente de la compañía. ¿Cuál fue el resultado? Varios ejecutivos lo siguieron. Igual hicieron muchos de los principales clientes de la compañía, incluyendo a British Airways y a Mars, el fabricante de caramelos. La influencia de Saatchi era tan grande que su salida causó inmediatamente la caída del capital de la compañía, de $8 5/8 a $4 por acción.[2] Lo que sucedió es un resultado de la Ley de la Influencia. Saatchi perdió su título y su posición, pero continuó siendo el líder.

¿QUIÉN ES EL VERDADERO LÍDER?

Aprendí la Ley de la Influencia cuando acepté mi primer empleo fuera de la universidad en una pequeña iglesia en la zona rural de Indiana. Fui allí con todas las credenciales correctas. Me nombraron pastor principal, que significaba que tenía la posición y el título de líder en aquella organización. Poseía el grado universitario adecuado y ya me habían ordenado. Además, me había adiestrado mi padre, quien era un excelente pastor y un líder destacado en la denominación. Esto constituía un currículo impresionante pero no me hacía un líder. En mi primera reunión con la junta directiva, rápidamente descubrí quién era el verdadero líder de la iglesia. Cuando ocupé mi siguiente puesto tres años después, había aprendido la Ley de la Influencia. Reconocí que ganar influencia en cualquier organización y ganar el derecho a ser líder exigía mucho trabajo.

Los que componen las organizaciones voluntarias no pueden ser forzados a formar parte del grupo.

Liderazgo sin palanca

Yo admiro y respeto el liderazgo de mi buen amigo Bill Hybels, pastor principal de la Iglesia Willow Creek Community en South Barrington, Illinois, la iglesia más grande de Estados Unidos. Bill dice que para él la iglesia es la empresa de más intensivo liderazgo en la sociedad. Muchos hombres de negocios que conozco se sorprenden cuando oyen esta declaración, pero creo que Bill tiene razón ¿En qué se basa este criterio? El liderazgo de posición no funciona en las organizaciones voluntarias. Si un líder no tiene palanca —o influencia— es inefectivo. En otras organizaciones, la persona que tiene posición tiene una palanca increíble. En el ejército, los líderes pueden valerse del rango y, si todo lo demás falla, envían la gente a la cárcel. En los negocios, los jefes tienen tremenda palanca en forma de sueldos, beneficios y estímulos. La mayoría de los seguidores son muy cooperativos cuando está en juego su subsistencia.

A LOS QUE COMPONEN LAS ORGANIZACIONES
VOLUNTARIAS NO SE LES PUEDE FORZAR A FORMAR
PARTE DEL GRUPO. SI EL LÍDER NO TIENE INFLUENCIA
SOBRE ELLOS, NO LO SIGUEN.

En las organizaciones voluntarias, como las iglesias, lo único que funciona es el liderazgo en su forma más pura. Lo único que los líderes tienen como ayuda es su influencia. Y como observaba Harry A. Overstreet, «La verdadera esencia de todo el poder para influir descansa en lograr que las demás personas participen». A los que componen las organizaciones voluntarias no se les puede forzar a formar parte del grupo. Si el líder no tiene influencia sobre ellos, no lo seguirán. Si usted es un hombre de negocios y desea saber si su gente es capaz de ejercer el liderazgo, envíelos a realizar un trabajo voluntario en la comunidad. Si logran ganar personas que los sigan mientras sirven en la Cruz Roja, en un refugio de la United Way o en una iglesia local, usted sabrá que ellos tienen influencia y capacidad de liderazgo.

He aquí mi proverbio favorito sobre el liderazgo: «Aquel que piensa que es líder, pero no
tiene seguidores, está sólo dando una caminata». Si usted no puede influir en otros, ellos no lo seguirán a usted. Y si ellos no lo siguen, usted no es un líder. No importa lo que cualquier otro le diga, recuerde que liderazgo es influencia. Nada más y nada menos.

8

¿CÓMO FUNCIONA
LA INFLUENCIA?

El verdadero liderazgo es ser la persona
que otros siguen gustosa y confiadamente

Los sociólogos nos dicen que aún los individuos más introvertidos influyen en otras diez mil personas ¡durante el curso de su vida! Esta sorprendente estadística me la presentó mi asociado Tim Elmore. Tim y yo llegamos a la conclusión de que cada uno de nosotros está influenciando y siendo influenciado por otros.

LA INFLUENCIA PUEDE DESARROLLARSE

El líder prominente de cualquier grupo se descubre con bastante facilidad. Simplemente observe a las personas que se reúnen. Si va a decidirse un tema, ¿quién es la persona cuya opinión parece ser la más valiosa? ¿Quién es la persona con quien la gente enseguida está de acuerdo? Y lo más importante: ¿Quién es la persona que otros siguen?

Robert Dilenschneider, presidente de Hill y Knowlton, una agencia mundial de relaciones públicas, es uno de los corredores de bolsa de mayor influencia en la nación. Teje habilidosamente su magia persuasiva en la arena global donde los gobiernos y las mega corporaciones se reúnen.

Escribió un libro titulado *Poder e influencia*, en el cual presenta la idea del «triángulo del poder» para ayudar a los líderes a avanzar. Dice: «Los tres componentes de un triángulo son la comunicación, el reconocimiento y la influencia. Uno comienza comunicándose con efectividad. Esto lleva al reconocimiento y el reconocimiento a su vez lleva a la influencia»[1].

LOS NIVELES DEL LIDERAZGO

Podemos aumentar nuestra influencia y nuestro potencial de liderazgo si entendemos los siguientes niveles del liderazgo:

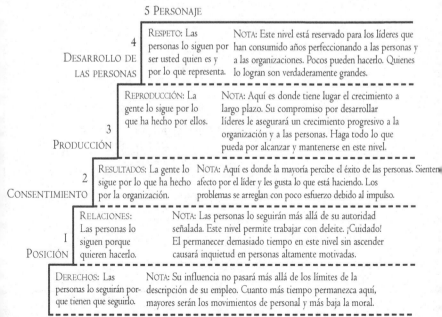

5 PERSONAJE

4 DESARROLLO DE LAS PERSONAS	RESPETO: Las personas lo siguen por ser usted quién es y por lo que representa.	NOTA: Este nivel está reservado para los líderes que han consumido años perfeccionando a las personas y a las organizaciones. Pocos pueden hacerlo. Quienes lo logran son verdaderamente grandes.
3 PRODUCCIÓN	REPRODUCCIÓN: La gente lo sigue por lo que ha hecho por ellos.	NOTA: Aquí es donde tiene lugar el crecimiento a largo plazo. Su compromiso por desarrollar líderes le asegurará un crecimiento progresivo a la organización y a las personas. Haga todo lo que pueda por alcanzar y mantenerse en este nivel.
2 CONSENTIMIENTO	RESULTADOS: La gente lo sigue por lo que ha hecho por la organización.	NOTA: Aquí es donde la mayoría percibe el éxito de las personas. Sienten afecto por el líder y les gusta lo que está haciendo. Los problemas se arreglan con poco esfuerzo debido al impulso.
1 POSICIÓN	RELACIONES: Las personas lo siguen porque quieren hacerlo.	NOTA: Las personas lo seguirán más allá de su autoridad señalada. Este nivel permite trabajar con deleite. ¡Cuidado! El permanecer demasiado tiempo en este nivel sin ascender causará inquietud en personas altamente motivadas.
	DERECHOS: Las personas lo seguirán porque tienen que seguirlo.	NOTA: Su influencia no pasará más allá de los límites de la descripción de su empleo. Cuanto más tiempo permanezca aquí, mayores serán los movimientos de personal y más baja la moral.

NIVEL I: POSICIÓN: LAS PERSONAS LO SIGUEN PORQUE
TIENEN QUE SEGUIRLO

Este es el nivel básico del liderazgo. La única influencia
que uno tiene es la que viene con el título. La gente que se
mantiene a este nivel entra en el terreno de los derechos, el
protocolo, la tradición y las reglas de organización. Estas
cosas no son negativas a menos que se conviertan en la base
de la autoridad y la influencia, pero son pobres sustitutos de
las habilidades del liderazgo.

Una persona puede estar «en control» porque ha sido
nombrada a un puesto. En esa posición puede tener autoridad.
Pero el verdadero liderazgo es más que tener autoridad; es más
que tener el adiestramiento técnico y seguir los procedimientos adecuados. Verdadero liderazgo es ser la persona que
otros seguirán con agrado y confianza. Un verdadero líder
sabe la diferencia entre ser un jefe y ser un líder:

- El jefe da órdenes a sus trabajadores; el líder
  los adiestra.
- El jefe depende de su autoridad; el líder, de su
  buena voluntad.
- El jefe inspira miedo; el líder inspira entusiasmo.
- El jefe dice: «Yo»; el líder, «nosotros».
- El jefe se ocupa de la culpa de la falla; el líder se
  ocupa de la falla.

Características de un «líder de posición».

La seguridad se basa en el título, no en el talento. Se cuenta de un soldado de la Primera Guerra Mundial que gritó en un campo de batalla «¡Apaga ese fósforo!» solamente para advertir con disgusto que el ofensor era el general «Black Jack» Pershing. Cuando el soldado, quien temía un severo castigo, expresó tartamudeando su excusa, el general Pershing le dio una palmadita en el hombro y le dijo: «Está bien, hijo. Alégrate que no soy un teniente segundo». El punto a destacar debe estar claro. Cuanto más alto es el nivel de verdadera capacidad e influencia de una persona, tanto más confiada y segura de sí misma se vuelve.

Este nivel con frecuencia se gana por nombramiento. Todos los otros niveles se ganan por capacidad. Leo Durocher era el instructor de la primera base en un partido de exhibición que los *Gigantes* jugaban en West Point. Un cadete escandaloso se mantenía gritándole a Leo y haciendo todo lo que podía por molestarlo.

—Hey, Durocher —le gritó—, ¿cómo un tipejo como tú entró en las Grandes Ligas?

—¡Mi congresista me consiguió el cargo! —le respondió Leo.[2]

Las personas no siguen a un líder de posición más allá de lo que señale su autoridad. Ellos sólo harán lo que tienen que hacer cuando se les exige que lo hagan. La baja moral está siempre presente. Cuando el líder carece de confianza en sí mismo, los seguidores dejan de comprometerse. Son como el niño a quien Billy Graham le preguntó cómo llegar al correo más cercano. Cuando el muchacho le dijo cómo, el Dr. Graham le dio las gracias y le dijo: «Si vienes al centro de convenciones esta noche, me oirás diciéndoles a todos cómo llegar al cielo». «No, no creo que voy a ir», replicó el niño. «Usted ni siquiera sabe cómo llegar al correo».

A los líderes de posición les es más difícil trabajar con los voluntarios, los oficinistas y la gente joven. Los voluntarios no tienen que trabajar con la organización, de modo que no hay palanca monetaria que un líder de posición pueda utilizar para hacer que ellos respondan. Los oficinistas están allí para participar en la toma de decisiones y resienten el liderazgo dictatorial. La generación de la posguerra, en particular, no se impresiona con los símbolos de autoridad.

Las siguientes características deben manifestarse con excelencia en este nivel antes de poder avanzar al próximo:

Nivel 1: Posición/Derechos

* Apréndase bien la descripción de su empleo.
* Esté al tanto de la historia de la organización.
* Cuéntele la historia de la organización a la gente de la organización (en otras palabras, sea un jugador del equipo).
* Acepte responsabilidad.
* Haga su trabajo con excelencia siempre.
* Haga más de lo que se espera.
* Ofrezca ideas creativas para cambios y mejoras.

Nivel 2. Consentimiento: Las personas lo siguen
porque asi lo desean.

Fred Smith ha dicho: «El liderazgo hace que la gente
trabaje para usted aún sin estar obligados»[3]. Eso únicamente
ocurrirá cuando usted asciende al segundo nivel de influencia.
A la gente no le importa cuánto sabe usted hasta que descubren cuánto se preocupa usted por ellos. El liderazgo
comienza con el corazón, no con la cabeza. Florece con una
relación significativa, no con más regulaciones.

Una persona en el nivel de «consentimiento» ejercerá su
liderazgo mediante interrelaciones. La orden del día no es la
ley del más fuerte sino el desarrollo de las personas. En este
nivel, el líder regala tiempo y energía, y se concentra en las
necesidades y deseos de sus seguidores. Una ilustración maravillosa de por qué es tan crucial el colocar a las personas y sus
necesidades primero la encontramos en la narración acerca de
Henry Ford en el libro de Amitai Etzioni, *Modern Organization*.
«Ford fabricó un carro perfecto, el Modelo T, que puso fin a la
necesidad de tener otro carro. Tenía totalmente la mentalidad
de productor. Deseaba llenar el mundo con carros Modelo T.
Pero cuando la gente comenzó a acercársele y a decirle, «Sr.
Ford, quisiéramos un carro de diferente color», contestó:
"Ustedes pueden tener cualquier color que deseen, en tanto sea
negro". Y allí fue cuando comenzó el declive».

Las personas que son incapaces de establecer relaciones
sólidas y duraderas pronto descubren que son incapaces de

mantener un liderazgo largo y efectivo. Claro, uno puede amar a las personas sin ejercer liderazgo sobre ellas, pero no se puede ejercer liderazgo sobre ellas sin amarlas.

¡Cuidado! No trate de pasar por alto un nivel. El nivel que más suele saltarse es el nivel 2, *Consentimiento*. Por ejemplo, un marido va desde el nivel 1, *Posición*, título que ganó el día de bodas, al nivel 3, *Producción*. Llega a ser un gran proveedor para la familia, pero en el proceso descuida las relaciones esenciales que sostienen unida a la familia. Esta se desintegra y lo mismo ocurre con el negocio del marido. Las relaciones implican un proceso que proporciona el adhesivo y mucho del poder para mantener por largo tiempo la producción en forma regular.

Las siguientes características deben ser de su dominio en este nivel antes de poder avanzar al próximo:

Nivel 2: Consentimiento/Relaciones
- Posee un genuino amor por las personas.
- Hace que los que trabajan con él tengan más éxito.
- Ve a través de los ojos de otras personas.
- Ama a las personas más que a los procedimientos.
- Va a lo seguro o no lo hace.
- Incluye a otros en su recorrido.
- Trata con sabiduría a personas difíciles.

NIVEL 3: PRODUCCIÓN: LAS PERSONAS LO SIGUEN DEBIDO A LO QUE USTED HA HECHO POR LA ORGANIZACIÓN

En este nivel comienzan a suceder cosas, cosas buenas.

Aumentan las ganancias. La moral es alta. La renovación de personal es baja. Las necesidades se satisfacen. Se han alcanzado las metas. Junto al crecimiento está el ímpetu. Dirigir e influir sobre otros resulta divertido. Los problemas se resuelven con un esfuerzo mínimo. Las estadísticas recientes se comparten regularmente con las personas que trabajan por el crecimiento de la organización. Todo el mundo está orientado hacia los resultados. Es más, los resultados son la razón principal de la actividad.

Esta es una diferencia importante entre los niveles 2 y 3. En el nivel de «relaciones», las personas se reúnen por reunirse. No hay otro objetivo. En el nivel «resultados» la gente se reúne para lograr un fin. Quieren reunirse para estar juntos, pero les encanta estar juntos por lograr algo. En otras palabras, están orientados hacia los resultados.

Un día mi amigo Dan Reiland me dijo algo que nunca he olvidado: «Si el nivel 1, *Posición*, es la puerta del liderazgo; entonces el nivel 2, *Consentimiento*, es la base».

Uno debe dominar con excelencia las siguientes características antes de poder avanzar al siguiente nivel.

Nivel 3: Producción/Resultados

- Iniciar y aceptar la responsabilidad del crecimiento.
- Desarrollar y seguir una declaración de propósito.
- Hacer de su descripción de trabajo y energía una parte integral de la declaración de propósito.
- Desarrollar un sentido de responsabilidad por los resultados, comenzando por usted mismo.

- Saber y hacer las cosas que dan un alto resultado.
- Comunicar la estrategia y la visión de la organización.
- Llegar a ser un agente de cambio y darse cuenta del momento.
- Tomar las decisiones difíciles que marcarán una diferencia.

NIVEL 4. DESARROLLO DE LAS PERSONAS: LA GENTE LO SIGUE POR LO QUE USTED HA HECHO POR ELLOS

Un líder es grande, no por su poder, sino por su capacidad de facultar a otros. Tener éxito sin un sucesor es un error. La primera responsabilidad de un trabajador es realizar él mismo el trabajo. La responsabilidad de un líder es desarrollar a otros para que hagan el trabajo. Al verdadero líder se le conoce porque su gente de una forma u otra siempre demuestra una actuación superior.

La lealtad al líder alcanza su máximo nivel cuando quien lo sigue ha crecido bajo el tutelaje del líder. Nótese el progreso: En el nivel 2, al seguidor le gusta el líder; en el nivel 3, el seguidor admira al líder; en el nivel 4, el seguidor es leal al líder. ¿Por qué? Uno se gana el corazón de las personas ayudándolas a que crezcan.

El núcleo de los líderes que lo rodean debe ser gente que usted personalmente ha tocado o ayudado a desarrollar en alguna forma. Cuando esto ocurre, los más cercanos a usted y los que han sido tocados por sus líderes clave manifestarán amor y lealtad.

Hay, sin embargo, un problema potencial que consiste en ascender a niveles de influencia como líder y llegar a sentirse cómodo con el grupo de personas que ha desarrollado en derredor suyo. Muchas personas nuevas pueden verlo a usted como un «líder de posición» debido a que no ha tenido contacto con ellas. Las dos siguientes sugerencias lo ayudarán a usted a llegar a ser un líder que desarrolla a las personas:

1. *Camine despacio a través de la multitud.* Tenga formas de mantenerse en contacto con cada persona.

2. *Desarrolle líderes clave.* Yo sistemáticamente me reúno con los que son influyentes dentro de la organización y los instruyo. Ellos a su vez transmiten a otros lo que yo les he enseñado.

Las características que deben regir en este nivel se enumeran a continuación:

Nivel 4: Desarrollo de las personas/Reproducción

* Comprenda que las personas son su bien más valioso.
* Dé prioridad al desarrollo de las personas.
* Sea un modelo que otros sigan.
* Ejerza sus esfuerzos de liderazgo sobre el 20 por ciento de su gente clave.
* Bríndele a los líderes clave oportunidades de crecimiento.
* Lleve a otros ganadores/productores al objetivo común.
* Rodéese usted mismo de un círculo íntimo que complemente su liderazgo.

NIVEL 5. PERSONAJE: LAS PERSONAS LO SIGUEN POR SER USTED QUIEN ES Y LO QUE USTED REPRESENTA

La mayoría de nosotros no hemos llegado aún a este nivel. Sólo una vida de liderazgo probado nos permitirá sentarnos en el nivel 5 y cosechar los galardones que son eternamente satisfactorios. Yo sé esto, y algún día deseo estar en el tope de este nivel. Es alcanzable.

Las siguientes características definen al líder del Nivel 5.

Nivel 5: Personaje/Respeto

- Sus seguidores son leales y se sacrifican.
- Ha pasado años guiando y moldeando líderes.
- Ha llegado a ser un estadista/consultor y los demás lo buscan.
- Su máximo gozo viene de contemplar el crecimiento y el desarrollo de otros.
- Trasciende la organización.

LOS PELDAÑOS DEL LIDERAZGO

He aquí algunos conceptos adicionales sobre los niveles del liderazgo:

MIENTRAS MÁS SE ASCIENDE, MÁS LARGO ES EL TRAYECTO.

Cada vez que hay un cambio en su empleo o se une a un nuevo círculo de amigos, comienza en el nivel más bajo y comienza a escalar peldaños.

Cuanto más alto usted suba,
más alto será el nivel de compromiso.

Este aumento en el compromiso es una calle de dos vías. Se exige un mayor compromiso no sólo de usted, sino de los demás participantes. Cuando el líder o el seguidor no están dispuestos a hacer los sacrificios que demanda un nuevo nivel, la influencia comenzará a decrecer.

Cuanto más alto usted suba,
más fácil será dirigir.

Note la progresión desde el nivel dos hasta el nivel cuatro. El punto focal va desde la simpatía por usted hasta la simpatía por lo que usted hace en aras del interés común de todos los interesados (agrado por lo que usted hace por ellos personalmente). Cada nivel al que asciende el líder y los seguidores añade otra razón por la que las personas desean seguirlo.

Cuanto más alto suba,
mayor es el crecimiento.

El crecimiento sólo puede ocurrir cuando tienen lugar cambios efectivos. El cambio llegará a ser más fácil a medida que usted suba los niveles del liderazgo. Al subir usted, otras personas le permitirán —y aún le ayudarán— a realizar los cambios necesarios.

Usted nunca deja el nivel básico.

Cada nivel se sostiene sobre el nivel previo y se derrumbará si se descuida el nivel inferior. Por ejemplo, si usted pasa de un nivel de consentimiento (relaciones) a un nivel de producción (resultados) y deja de atender a las personas que lo siguen y lo ayudan a producir, ellos podrían comenzar a pensar que están siendo manipulados. A medida que usted asciende en los niveles, su liderazgo será más profundo y más sólido hacia la persona o grupo de personas.

SI USTED DIRIGE UN GRUPO DE PERSONAS, NO ESTARÁ EN EL MISMO NIVEL DE CADA UNA DE ELLAS.

No toda persona responderá del mismo modo a su liderazgo.

PARA QUE SU LIDERAZGO PERMANEZCA EFECTIVO, ES ESENCIAL QUE USTED LLEVE CONSIGO A LOS NIVELES SUPERIORES A LAS DEMÁS PERSONAS DE INFLUENCIA DEL GRUPO.

La influencia colectiva del líder principal y de los otros líderes atraerá al resto del grupo. Si esto no ocurre se producirá división de intereses y de lealtad dentro del grupo.

USTED DEBE SABER EN QUÉ NIVEL SE ENCUENTRA EN ESTE MOMENTO.

Puesto que usted estará en diferentes niveles con diferentes personas, necesita saber el nivel en que está cada persona. Si los que más influyen dentro de la organización se encuentran en los más altos niveles y están apoyándolo, su éxito al dirigir a otros será alcanzable. Si los que más influyen están en los más altos niveles y no lo apoyan, pronto surgirán problemas.

Toda persona es un líder, porque toda persona influye sobre alguien. No toda persona llegará a ser un gran líder, pero toda persona puede llegar a ser un líder mejor. ¿Está usted dispuesto a dar rienda suelta a su potencial de liderazgo? ¿Usará sus capacidades de liderazgo para mejorar a la humanidad?

Mi influencia

Antes que termine el día,
mi vida tocará una docena de vidas.
Antes que se ponga el sol,
dejará incontables huellas de bien o de maldad.

Esto es lo que siempre he deseado,
la oración que siempre elevo:
Señor, que mi vida ayude a otras vidas
Que encuentre en el camino.[4]

9

¿CÓMO PUEDO EXTENDER
MI INFLUENCIA?

El acto de conceder facultades a otros cambia vidas.

Un artista inglés llamado William Wolcott fue a Nueva York en 1924 para recoger sus impresiones de aquella fascinante ciudad. Una mañana visitaba la oficina de un antiguo colega cuando sintió deseos urgentes de hacer un dibujo. Al ver papel sobre el escritorio de su amigo, le preguntó:

—¿Puedo tomar una hoja?

—No es papel para dibujar —le respondió su amigo—. Ese es papel ordinario de envolver.

Como no quería perder aquella chispa de inspiración, Walcott tomó el papel de envolver y dijo:

—Nada es ordinario si usted sabe cómo utilizarlo.

Sobre aquel papel ordinario Walcott hizo dos dibujos. Meses después ese mismo año uno de aquellos dibujos se vendió por $500 y el otro por $1.000, una buena suma en 1924.

La gente bajo la influencia de una persona que sabe facultar a otros es como el papel en las manos de un artista de talento. No importa de lo que estén hechos, pueden convertirse en un tesoro.

La capacidad de facultar a otros es una de los secretos del éxito personal y profesional. John Craig señalaba que «no importa cuánto trabajo puede usted realizar, no importa cuán atractiva es su personalidad, no progresará mucho en los negocios si no puede trabajar por intermedio de otros». Y el empresario J. Paul Getty afirmó: «Por mucho conocimiento o experiencia que un ejecutivo posea, si no es capaz de lograr resultados por intermedio de otras personas, no sirve como ejecutivo».

La gente bajo la influencia de una persona que sabe facultar a otros es como el papel en las manos de un artista de talento.

Cuando uno empieza a facultar a otros, trabaja con esas personas y por intermedio de ellas, pero hace mucho más. Uno capacita a otros para que alcancen los más altos niveles en su desarrollo personal y profesional. En palabras sencillas, facultar es dar su influencia a otros con el fin de obtener crecimiento personal y en la organización. Es compartirse usted mismo —su influencia, posición, poder y oportunidades— con otros, con el fin de invertir en sus vidas, de forma que puedan funcionar del mejor modo. Es ver el potencial de las personas, hacerlas partícipes de nuestros recursos y mostrarles que creemos en ellas completamente.

Usted quizá ya está facultando a algunas personas en su vida sin saberlo. Cuando uno le confía a su cónyuge alguna decisión importante y lo respalda con alegría, le está concediendo facultad. Cuando decide que su niña está lista para cruzar la calle por sí misma y le da permiso para hacerlo, le está concediendo facultad. Cuando delega una tarea importante a un empleado y le otorga la autoridad que necesita para realizarla, le está concediendo facultad.

El acto de facultar a otros cambia vidas, y constituye una victoria para usted y para las personas a las que uno faculta. Dar a otros de su autoridad no es como deshacerse de algo, digamos un automóvil. Si uno se deshace de un automóvil, queda estancado. Queda sin transporte. Pero el conceder facultades a otros confiriéndoles su autoridad tiene los mismos efectos que darles información: uno no ha perdido nada. Ha incrementado la capacidad de otros sin disminuir en nada.

CUALIDADES DEL QUE FACULTA

Casi todo el mundo tiene el potencial de llegar a facultar, pero usted no puede conceder facultades a todo el mundo. El proceso sale bien únicamente cuando se reúnen ciertas condiciones. El que faculta debe tener:

POSICIÓN

Usted no puede facultar a personas sobre las que no ejerce su liderazgo. El experto en liderazgo Fred Smith explicó lo siguiente: «¿Quién puede dar permiso a otra persona para que tenga éxito? Una persona con autoridad. Otros pueden estimular, pero el permiso procede únicamente de una figura con autoridad: un padre, un jefe o un pastor».

RELACIÓN

Se ha dicho que las relaciones se forjan, no se forman. Requieren tiempo y experiencia común. Si ha hecho el esfuerzo de relacionarse con ciertas personas, cuando esté listo para facultarlas, sus relaciones deberán ser lo suficientemente sólidas para poder ejercer liderazgo sobre ellas. Y cuando lo haga, recuerde lo que escribió Ralph Waldo Emerson: «Todo hombre [o mujer] tiene derecho a que lo valoren por sus mejores momentos». Cuando usted valora a las personas y sus relaciones con ellas, usted pone los cimientos para facultarlas.

RESPETO

Las relaciones hacen que las personas deseen estar con usted, pero el respeto las motiva a desear que usted les conceda autoridad. El respeto mutuo es esencial en el proceso de facultar. El psiquiatra Ari Kiev lo resumió en esta forma: «Todo el mundo desea sentir que cuenta para algo y que es importante para alguien. Invariablemente, las personas darán su amor, su respeto y su atención a la persona que llene estas necesidades». Cuando usted cree en las personas, se preocupa por ellas y confía en ellas, ellas lo saben. Y ese respeto las inspira a desear seguirlo cuando usted las dirige.

COMPROMISO

La última cualidad que necesita para llegar a ser un líder que faculta es el compromiso. Ed McElroy, ejecutivo de US Air subrayó que «el compromiso le da a usted nuevo poder. No importa lo que nos venga encima —enfermedad, pobreza o desastre— nunca apartemos nuestra vista de la meta». El proceso de facultar a otros no siempre es fácil, especialmente cuando usted lo empieza a llevar a cabo por primera vez. Es un camino que tiene muchos baches y desvíos. Pero es un camino digno de recorrer porque sus beneficios son grandes. Recuerde: cuando usted faculta a las personas, no sólo está influyendo en ellas, sino sobre todas las personas que ellas influyen. ¡Eso es impacto!

LA ACTITUD CORRECTA

Hay un elemento más crítico al facultar que usted necesita tener si quiere llegar a ser un líder de éxito: usted necesita una actitud correcta.

Muchas personas descuidan el conceder facultades a otros porque se sienten inseguras. Temen perder sus empleos en

manos de las personas de quienes son mentores. No quieren
que las reemplacen ni las desplacen, aún si ello significa
ascender a una posición más elevada y dejar la posición actual
para que la desempeñe la persona de quienes son mentores.
Tienen miedo al cambio. Pero el cambio es parte de la concesión de facultades, para la persona a quien usted faculta y
para usted mismo. Si quiere ascender, hay cosas que debe estar
dispuesto a abandonar.

CUANDO SE ANALIZA EL ASUNTO, EL LIDERAZGO
QUE FACULTA ES ALGUNAS VECES LA ÚNICA VENTAJA REAL
QUE UNA ORGANIZACIÓN TIENE SOBRE
OTRA EN NUESTRA COMPETITIVA SOCIEDAD.

Si no está seguro de dónde se encuentra en términos de
su actitud hacia los cambios involucrados en facultar a otros,
responda a estas preguntas:

PREGUNTAS QUE DEBE FORMULARSE ANTES DE COMENZAR:
1. ¿Creo en las personas y siento que son los bienes más
    apreciables de mi organización?
2. ¿Creo que facultando a otros puedo alcanzar más que
    un logro individual?
3. ¿Busco activamente líderes potenciales para facultarlos?
4. ¿Estaría dispuesto a promover a otros a un nivel
    superior a mi propio nivel de liderazgo?
5. ¿Estaría dispuesto a invertir tiempo en desarrollar a

personas que tengan potencial de liderazgo?

6. ¿Estaría dispuesto a dejar que otros obtengan crédito con lo que yo les enseñé?

7. ¿Permito a otros la libertad de personalidad y desenvolvimiento, o tengo yo que controlarla?

8. ¿Estaría dispuesto a dar públicamente mi autoridad e influencia a líderes potenciales?

9. ¿Estaría dispuesto a dejar que otros hicieran mi trabajo?

10. ¿Estaría dispuesto a entregar la batuta del liderazgo a personas a quienes he facultado y a apoyarlos verdaderamente?

Si responde que no a más de dos de estas preguntas, puede que necesite un ajuste de actitud. Necesita creer en otros lo suficiente para darles lo más que pueda y creer en usted mismo lo suficiente para saber que eso no le perjudicará. Recuerde que en tanto usted siga creciendo y desarrollándose, siempre tendrá algo que dar, y no tiene por qué preocuparse porque vayan a desplazarlo.

CÓMO DESARROLLAR EL POTENCIAL DE OTROS

Una vez que usted tenga confianza en usted mismo y en las personas a las que desea facultar, estará listo para comenzar el proceso. Su meta deberá ser entregar tareas relativamente pequeñas y sencillas al comienzo, y progresivamente ir aumentándoles sus responsabilidades y autoridad. Cuanto menos maduras sean las personas con quienes usted trabaje, mayor será el tiempo que exigirá el proceso. Pero no importa si son nuevos reclutas o expertos veteranos. Sigue siendo importante llevarlos a través de todo el proceso. Utilice los siguientes pasos como guía a medida que usted capacite a otros.

I. EVALÚELOS

El primer paso para comenzar a facultar a las personas es evaluarlas. Si usted otorga a gente inexperta demasiada autoridad muy pronto, puede llevarlos al fracaso. Si procede muy despacio con personas que tienen mucha experiencia, puede frustrarlas y desmoralizarlas.

Recuerde que todas las personas tienen el potencial para triunfar. Su trabajo es ver el potencial, encontrar qué les falta para desarrollarse, y equiparlas con lo que necesitan. Al evaluar a las personas que intenta facultar, observe estas áreas:

Conocimiento. Piense qué necesita saber la gente para realizar cualquier tarea que usted intente darles. No dé por seguro que saben todo lo que usted sabe. Hágales preguntas. Deles información sobre los antecedentes. Presénteles una visión del cuadro completo, de cómo su acción encaja dentro de la misión y metas de la organización. El conocimiento no es sólo poder: es dotar de poder.

Destreza. Examine el nivel de destreza de las personas que usted desea facultar. Nada es más frustrante que recibir orden de hacer algo para lo cual usted no tiene capacidad. Su trabajo como dador de facultades es descubrir qué exige el empleo y estar seguro de que su gente tiene lo que necesita para triunfar.

Deseo. El filósofo griego Plutarco afirmaba que «el suelo rico, si no se cultiva, produce la más exuberante hierba mala». No hay suma de habilidad, conocimiento o potencial que pueda ayudar a las personas a tener éxito si no tienen el deseo de triunfar. Pero cuando el deseo está presente, el facultar es fácil. Como dijo el ensayista francés Jean La Fontaine, «el hombre está hecho de tal manera que cuando algo enciende su mente, las imposibilidades se desvanecen».

2. SEA UN MODELO PARA ELLOS

Aún personas con conocimiento, habilidad y deseo necesitan conocer lo que se espera de ellas, y la mejor manera de informarles es demostrándoles usted mismo. La gente hace lo que la gente ve.

Las personas que usted desea facultar necesitan ver qué cosa es volar. Como su mentor, usted tiene la mejor oportunidad de demostrárselos. Modele la actitud y la ética de trabajo que usted quisiera que ellos abrazaran. Y cada vez que pueda incluirlos en su trabajo, llévelos con usted. No hay mejor manera de ayudarlos a aprender y entender lo que usted quiere que hagan.

3. DÉLES PERMISO PARA TRIUNFAR

Como líder y persona influyente, quizá crea que todo el

mundo desea triunfar y automáticamente se esfuerza por lograrlo, probablemente al igual que usted. Pero no todos los que usted influye piensan del mismo modo. Usted tiene que ayudar a los demás a creer que pueden triunfar y mostrarles que desea que puedan lograrlo. ¿Cómo se hace eso?

Espérelo. El autor y conferencista Danny Cox aconsejó: «Lo importante es recordar que si usted no tiene ese inspirado entusiasmo que es contagioso, cualquier otra cosa que tenga es también contagiosa». La gente puede percibir su actitud independientemente de lo que usted diga o haga. Pero si tiene la expectativa de que su gente va a triunfar, lo sabrán.

Exprésalo en palabras. Las personas necesitan oír de sus labios que cree en ellos y desea que tengan éxito. Dígales a menudo que sabe que ellos van a lograrlo. Envíeles notas alentadoras. Conviértase en el profeta positivo de su éxito. Y refuerce sus ideas las veces que pueda.

Una vez que las personas reconozcan y entiendan que usted genuinamente desea ver que tengan éxito y que está comprometido a ayudarlos, comenzarán a creer que pueden realizar lo que les encomendó.

4. Transfiérales autoridad

Muchas personas están dispuestas a dar responsabilidades a otros. Con mucho gusto les confían tareas. Pero conceder facultades a otros es algo más que compartir su tarea. Es compartir su poder y su capacidad para realizar las cosas.

Peter Drucker, experto en administración, afirmó que «ningún ejecutivo ha sufrido jamás debido a que sus subordinados sean fuertes y efectivos». Las personas se hacen fuertes y efectivas sólo cuando se les brinda la oportunidad de tomar decisiones, iniciar acciones, resolver problemas y enfrentar desafíos. En conclusión, el liderazgo que faculta es la única ventaja real que una organización tiene sobre otra en nuestra competitiva sociedad.

5. Muestre su confianza en ellos públicamente

Cuando usted transfiere autoridad por primera vez a las personas que faculta, necesita decirles que cree en ellos, y necesita hacerlo públicamente. El reconocimiento público les permite saber que usted cree que tendrán éxito. Pero también permite a otras personas con quienes ellos trabajan saber que cuentan con su apoyo y que su autoridad los respalda. Esta es una forma tangible de compartir (y extender) su influencia.

A medida que levanta líderes, muéstreles a ellos y a sus seguidores que cuentan con su confianza y autoridad. Y encontrará que rápidamente llegarán a estar capacitados para el triunfo.

6. Proporcióneles apoyo

Si bien necesita elogiar públicamente a su gente, no puede pasar mucho tiempo sin darles una información sincera y positiva. Reúnase con ellos en privado para educarlos a través de sus errores, descuidos y juicios equivocados. Al principio, algunas personas pueden pasar momentos difíciles. Durante ese período inicial sea compasivo. Trate de darles lo que necesitan, no lo que merecen. Y aplauda cualquier progreso que hagan. La gente hace aquello por lo que recibe elogios.

7. DÉJELOS QUE SIGAN POR SU PROPIA CUENTA

No importa con quién esté trabajando para facultarlo (sus empleados, sus hijos, sus colegas o su cónyuge); su meta final debe ser soltarlos para que tomen buenas decisiones y tengan éxito por sí mismos. Y eso significa darles la mayor libertad posible tan pronto estén listos para recibirla.

El presidente Abraham Lincoln era un maestro facultando a sus líderes. Por ejemplo, cuando designó al general Ulises Grant como comandante de los ejércitos de la Unión en 1864, le envió este mensaje: «No pido ni deseo saber nada de sus planes. Asuma la responsabilidad y actúe, y llámeme si me necesita».

Esa es la actitud que usted necesita como otorgador de facultades. Otorgue autoridad y responsabilidad, y ofrezca ayuda cuando sea necesaria. La persona que ha sido más otorgadora de facultades en mi vida es mi padre, Melvin Maxwell. Siempre me estimuló a ser la mejor persona posible, y me dio su permiso y su poder siempre que pudo. Años después cuando hablamos de esto, mi padre me expuso su filosofía: «Nunca conscientemente te fijé límites siempre que yo supiera que lo que estabas haciendo era moralmente correcto». ¡Esa sí es una actitud que faculta!

LOS RESULTADOS DE LA
CONCESIÓN DE FACULTADES

Si usted encabeza cualquier clase de organización —un negocio, un club, una iglesia o una familia—, aprender a facultar es una de las cosas más importantes que hará como líder. La concesión de facultades tiene una recompensa increíblemente alta. No sólo ayuda a los individuos que usted mejora haciéndolos más eficientes, enérgicos y productivos, sino que tiene la capacidad de mejorar su vida, darle mayor libertad a usted y promover el crecimiento y la salud de su organización.

A medida que faculta a otro, encontrará que la mayoría de los aspectos de su vida mejorarán. Otorgar autoridad a otros puede liberarlo a usted personalmente y permitirle disponer de más tiempo para las cosas importantes de su vida, aumentar la efectividad de su organización, incrementar su influencia sobre otros y, lo mejor de todo, lograr un impacto increíblemente positivo en la vida de las personas a las que usted faculta.

¿Cómo puedo hacer
que dure mi liderazgo?

El valor duradero de un líder se mide por su sucesión.

En 1997 murió uno de los mejores líderes empresariales del mundo. Se llamaba Roberto Goizueta, y era el presidente y jefe ejecutivo de la Coca-Cola Company. En un discurso que pronunció en el Club de Ejecutivos de Chicago unos pocos meses antes de morir, Goizueta hizo esta declaración: «Hace mil millones de horas que la vida humana apareció sobre la Tierra. Hace mil millones de minutos que surgió el cristianismo. Hace mil millones de segundos que los Beatles se presentaron en The Ed Sullivan Show. Mil millones de Coca-Colas atrás... era ayer por la mañana. Y la pregunta que nos estamos haciendo ahora es: ¿Qué debemos hacer para fabricar mil millones de Coca-Colas esta mañana?»

Hacer de la Coca-Cola la mejor compañía en el mundo fue la meta de toda la vida de Goizueta, algo que estaba diligentemente persiguiendo cuando de súbito, inesperadamente murió.

Las compañías que pierden un presidente con frecuencia caen en la confusión, especialmente si esa desaparición es inesperada, como fue la de Goizueta. Poco antes de su muerte, Goizueta dijo en una entrevista con el *Atlanta Journal-Constitution* que su retiro no aparecía «en la pantalla de mi radar. En tanto goce de la diversión que estoy gozando, en tanto tenga la energía necesaria, en tanto no impida que la gente tenga su día al sol, y en tanto la junta directiva quiera que permanezca aquí, permaneceré aquí». Sólo meses después de la entrevista se le diagnosticó cáncer. Seis semanas después falleció.

Sobre la muerte de Goizueta, el expresidente Jimmy Carter observó: «Quizá ningún otro líder de corporación de los tiempos modernos ha ejemplificado más bellamente el sueño americano. Él creía que en los Estados Unidos todas las cosas son posibles. Vivió ese sueño. Y debido a sus extraordinarias capacidades de líder, ayudó a miles de otras personas a realizar también sus sueños».

EL LEGADO DE GOIZUETA

El legado que dejó Goizueta a la compañía es increíble. Cuando se encargó de la Coca-Cola en 1981, el valor de la compañía era de $4 mil millones. Bajo el liderazgo de Goizueta se elevó a $150 mil millones: ¡ese es un aumento en valor de más de 3,500 por ciento! Coca-Cola llegó a ser la segunda corporación más valiosa en los Estados Unidos, por encima

de los fabricantes de automóviles, de las compañías petro-
leras, de Microsoft, de Wal-Mart y el resto. La única compañía
más valiosa fue la General Electric. Muchos de los accionistas
de Coke se hicieron multimillonarios. La universidad Emory
de Atlanta, cuya cartera contiene un gran bloque de acciones
de Coca-Cola, tiene ahora una dotación comparable a la de
Harvard.

Pero el alto valor de las acciones no fue lo más significativo que Goizueta dio a la compañía Coca-Cola. Más bien
fue el modo en que vivió la Ley del Legado. Cuando su
muerte se anunció, no hubo pánico entre los accionistas de la
Coca-Cola. El analista Emanuel Goldman de Paine Webber
dijo que Goizueta «preparó la compañía para su ausencia
como ningún ejecutivo que yo haya visto».

¿Cómo lo hizo? Primero, fortaleciendo la compañía tanto
como pudo. Segundo, preparando un sucesor para la posición
principal llamado Douglas Ivester. Mickey H. Graming,
articulista del *Atlanta Constitution*, reportó que «a diferencia de
algunas compañías que encaran una crisis cuando el más alto
ejecutivo se ausenta o muere, se espera que Coca-Cola retenga
su estatus como una de las más admiradas corporaciones del
mundo. Goizueta había preparado a Ivester para que siguiera
sus pasos desde que el nativo de Georgia fue nombrado en
1994 en el puesto número 2 de la compañía. Y como indica-
tivo de cuán fuertemente se sentía Wall Street respecto a la
posición de Coca-Cola, los activos de la compañía apenas se

agitaron hace seis semanas, cuando a Goizueta se le diagnosticó cáncer en los pulmones»[1].

Doug Ivester, contador por adiestramiento, comenzó su carrera con Coca-Cola en 1979 como controlador adjunto. Cuatro años más tarde lo nombraron jefe financiero principal. Se hizo notar por su excepcional creatividad financiera y fue una importante fuerza en la capacidad de Goizueta para revolucionar el enfoque de la compañía respecto a la inversión y al manejo de las deudas. Para 1989 Goizueta debe haber decidido que Ivester tenía un potencial sin explotar, porque lo trasladó de su estricta función financiera y lo envió a Europa a ganar experiencia administrativa e internacional. Un año después, Goizueta lo trajo de regreso y lo nombró presidente de Coca-Cola USA, donde supervisó gastos y mercadeo. De allí continuó preparando a Ivester y en 1994 no cabía duda que Ivester seguiría a Goizueta en la posición principal. Goizueta lo hizo presidente y jefe principal de operaciones.

Lo que Roberto Goizueta hizo fue completamente insólito. Pocos jefes ejecutivos de compañías capacitan hoy líderes fuertes y los preparan para asumir el mando en la organización. John S. Wood, consultor en Egon Zehnder International Inc, ha señalado que «las compañías, en años recientes, no han estado invirtiendo lo debido en educar a las personas. Si las organizaciones no son capaces de desarrollarlas, la gente tiene que tratar de lograrlo». ¿Y por qué fue Roberto Goizueta diferente? Conocía el efecto positivo de la tutoría directa.

Roberto Goizueta nació en Cuba y estudió en Yale, donde obtuvo un diploma en ingeniería química. Cuando regresó a La Habana en 1954, respondió a un anuncio en un periódico que solicitaba un químico bilingüe. La compañía anunciadora resultó ser Coca-Cola. Ya en 1966 había llegado a ser vicepresidente de investigación técnica y desarrollo en la sede de la compañía en Atlanta. Fue el hombre más joven que ocupó tal posición en la compañía. Pero en los comienzos del decenio del 1970, algo aún más importante ocurrió. Robert W. Woodruff, el patriarca de la Coca-Cola, tomó a Goizueta bajo su tutela y comenzó a capacitarlo. En 1975 Goizueta llegó a ser el vicepresidente ejecutivo de la división técnica de la compañía y asumió otras responsabilidades corporativas, tales como la supervisión de asuntos legales. En 1980, con el visto bueno de Woodruff, Goizueta llegó a presidente y jefe principal de operaciones. Un año más tarde era el presidente y jefe ejecutivo. La razón por la que Goizueta seleccionó, capacitó y preparó con tanta confianza a un sucesor en los años noventa es que estaba construyendo sobre el legado que había recibido en la década de 1970.

LÍDERES QUE DEJAN UN LEGADO
DE SUCESIÓN...

Los líderes que dejan un legado de sucesión para su organización hacen lo siguiente:

1. Dirigen la organización con «amplia perspectiva»

Cualquiera puede hacer que una organización luzca bien por un momento: lanzando un nuevo programa o producto llamativo, atrayendo multitudes a un gran evento o recortando el presupuesto para potenciar los saldos. Pero los líderes que dejan un legado tienen un enfoque diferente. Estos ejercen su liderazgo teniendo en mente el mañana tanto como el hoy. Eso es lo que hizo Goizueta. Planeó mantenerse como líder en tanto fuera efectivo; sin embargo, de todas maneras preparó a su sucesor. Siempre estuvo atento a los mejores intereses de la organización y sus accionistas.

2. Crean una cultura de liderazgo

Las compañías más estables tienen líderes fuertes en cada nivel de la organización. La única manera de desarrollar un liderazgo de tal amplitud es hacer de los líderes en desarrollo una parte de su cultura. Este es un punto fuerte del legado de Coca-Cola. ¿Cuántas otras compañías de éxito conoce usted que hayan tenido una sucesión de líderes que provengan de las filas de la propia organización?

3. Pagan el precio hoy para asegurar el éxito mañana

No hay éxito sin sacrificio. Cada organización es única, y eso decide cuál será el precio. Pero todo líder que quiera ayudar a su organización debe estar dispuesto a pagar ese precio para asegurar un éxito duradero.

4. Valoran el liderazgo en equipo por sobre
el liderazgo individual

Por bueno que sea el líder, no puede hacerlo todo. Así como en el deporte el entrenador necesita un equipo de buenos jugadores para ganar, una organización necesita un equipo de buenos *líderes* para tener éxito. Cuanto mayor sea la organización, más fuerte, más grande y más profundo tiene que ser el equipo de líderes.

5. Salen de la organización con integridad

En el caso de Coca-Cola, el líder no tuvo la oportunidad de salir porque murió de forma inesperada. Pero si hubiera vivido, creo que Goizueta habría hecho precisamente eso. Cuando llega el momento en que un líder debe abandonar la organización, tiene que estar dispuesto a salir y dejar que su sucesor haga su propio trabajo. Permanecer en ella sólo lo dañaría a él y a la organización.

Pocos líderes dejan un legado

Max Dupree, autor de *El liderazgo es un arte*, declaró que «la sucesión es una de las responsabilidades clave del liderazgo». Sin embargo, de todas las leyes del liderazgo, la Ley del Legado es la que el menor número de líderes parece aprender. Los logros vienen a alguien cuando es capaz de hacer grandes cosas para sí mismo. El éxito viene cuando faculta a sus seguidores para hacer grandes cosas *con* él. La trascendencia viene cuando desarrolla a los líderes para hacer grandes cosas *para* él. Pero un legado se crea sólo cuando una persona pone a su organización en la posición de hacer grandes cosas *sin* él.

Yo aprendí la importancia de la Ley del Legado de manera difícil. Debido a que la iglesia creció tanto mientras yo desempeñaba mi primera posición de liderazgo en Hillham, Indiana; pensé que yo era un éxito. Cuando comencé allí, sólo tres personas asistían. Durante tres años, levanté aquella iglesia, alcancé a la comunidad y ejercí influencia sobre la vida de muchas personas. Cuando me fui, el promedio de asistencia era de cerca de trescientos, y en nuestros registros había más de trescientas personas. Había programas que se estaban desarrollando y todo me parecía color de rosa. Creía que había hecho algo realmente significativo.

Dieciocho meses después que me trasladé a mi segunda iglesia, almorcé con un amigo a quien no había visto por algún tiempo, y él acababa de pasar cierto tiempo en Hillham. Le pregunté cómo andaban las cosas por allá y me sorprendí al oír su respuesta.

—No muy bien —me contestó.

—¿En serio? —le dije—. ¿Por qué? Las cosas marchaban bien cuando yo salí. ¿Cuál es el problema?

—Bueno —me dijo—. Es una especie de caída. Algunos de los programas que comenzaste terminaron. La iglesia está funcionando con unas cien personas. Puede que se reduzca aún más antes de que desaparezca.

Aquello me molestó mucho. Un líder aborrece ver que algo en lo que ha invertido sudor, sangre y lágrimas comience a derrumbarse. Al principio, culpé al líder que me sucedió. Pero luego caí en la cuenta, si yo hubiera hecho realmente un buen trabajo allí, no hubiera importado qué clase de líder me reemplazase, fuera bueno o malo. La culpa era mía. No había conseguido que la organización tuviera éxito después que yo la dejé. Esa fue la primera vez que comprendí el significado de la Ley del Legado.

CAMBIO DE PARADIGMA

Después de aquello, comencé a mirar el liderazgo en una forma totalmente nueva. Todo líder a la larga deja su organización de una manera u otra. Puede cambiar de empleo, lo pueden ascender o puede retirarse. Y aún si una persona no quiere retirarse, va a morir algún día. Eso me hizo comprender que parte de mi trabajo como líder era comenzar a preparar a mi gente y organización para lo que inevitablemente vendría. Eso me impulsó a cambiar mi enfoque. Dejé de dirigir seguidores, y pasé a desarrollar líderes. Mi valor duradero, como el de cualquier líder, será medido por mi capacidad de dar a la organización una sucesión tranquila y sin inconvenientes.

Mi mejor narración de sucesión se refiere a mi salida de

Skyline Church. Cuando llegué allí en 1981, establecí como uno de mis primeros objetivos la identificación y desarrollo de líderes porque sabía que nuestro éxito dependía de eso. Durante los catorce años que estuve allí, mi personal y yo desarrollamos literalmente a cientos de valiosos líderes, tanto voluntarios como miembros del personal.

Una de mis mayores alegrías en la vida es saber que Skyline está más fuerte ahora que cuando la dejé en 1995. Jim Garlow, quien me sucedió como pastor principal, está realizando allí un maravilloso trabajo. En el otoño de 1997, Jim me pidió que volviera a Skyline y hablara en un banquete destinado a recaudar fondos para la nueva fase del proyecto de construcción y me encantó satisfacer su solicitud.

Cerca de 4,100 personas asistieron al evento en el Centro de Convenciones de San Diego, frente a la hermosa bahía de la ciudad. Mi esposa Margaret y yo disfrutamos mucho la oportunidad de ver y conversar con tantos de nuestros antiguos amigos. Y por supuesto, me sentí privilegiado de ser el conferencista de la noche. Fue una verdadera celebración y todo un éxito. Los presentes prometieron más de $7.8 millones para la construcción de la nueva instalación de la iglesia.

Tan pronto terminé de hablar, Margaret y yo nos fuimos sigilosamente del salón. Queríamos que la noche fuera para Jim, ya que él era ahora el líder de Skyline. Por esa razón sabíamos que era mejor salir de la sala antes que terminara el programa. Al bajar las escaleras, la tomé de la mano y le di un apretón. Fue maravilloso saber que lo que comenzamos tantos años atrás estaba aún funcionando. Es como dice mi amigo Chris Musgrove: «El éxito no se mide por lo que tienes por delante sino por lo que estás dejando atrás».

Cuando todo esté dicho y hecho, su capacidad como líder no será juzgada por lo que usted logró personalmente ni siquiera por lo que su equipo realizó durante el término de su cargo. Lo juzgarán por el modo en que su gente y su organización actuaron después de su partida. Lo medirán de acuerdo con la Ley del Legado. Su valor permanente será medido por sus sucesores.

NOTAS

Capítulo 1

1. John F. Love, *McDonald's Behind the Arches* (New York: Bantam Books, 1986).

Capítulo 2

1. «The Champ», en *Reader's Digest*, enero de 1972, 109.

Capítulo 4

1. R. Earl Allen, *Let It Begin in Me* (Nashville: Broadman Press, 1985).

Capítulo 5

1. E. M. Swift, Old Man Out, en *Sports Illustrated*, 92-96.

2. Robert Shaw, Tough Trust, *Leader to Leader* (invierno de 1997), 46-54.

Capítulo 7

1. Citado en www.abcnews.com el 4 de febrero de 1998.

2. Thomas A. Stewart, "Brain Power: Who Owns It...How They Profit from It," en *Fortune*, el 17 de marzo de 1997, 105-6.

Capítulo 8

1. Robert Dilenschneider, *Power and Influence: Mastering the Art of Persuasion*, (New York: Prentice Hall, 1990).

2. E. C. McKenzie, *Quips and Quotes* (Grand Rapids: Baker, 1980).

3. Fred Smith, *Learning to Lead* (Waco:Word, 1986), 117.

4. John C. Maxwell, *Be a People Person* (Wheaton: Victor, 1989).

Capítulo 10

1. Mickey H. Graming, *Atlanta Constitution*, el 10 de noviembre de 1997.

Acerca del Autor

John C. Maxwell es un reconocido experto en liderazgo a nivel internacional, orador y autor que ha vendido más de 19 millones de libros. Es el fundador de EQUIP, una organización sin fines de lucro que ha capacitado a más de 5 millones de líderes en 126 países por todo el mundo. Anualmente habla a los líderes de diversas organizaciones, tales como compañías de la lista Fortune 500, gobiernos extranjeros, la Liga Nacional de Fútbol Americano, la Academia Militar de Estados Unidos en West Point y las Naciones Unidas. Un autor de *best sellers* del *New York Times*, *Wall Street Journal* y *Business Week*, Maxwell ha escrito tres libros que han vendido cada uno más de un millón de ejemplares en inglés: *Las 21 leyes irrefutables de liderazgo*, *Desarrolle el líder que está en usted* y *Las 21 cualidades indispensables de un líder*. Se puede leer su blog en JohnMaxwellOnLeadership.com y seguirle en Twitter.com/JohnCMaxwell.